告诉世界 ② 我能行

规避最容易犯的 38 个成长错误

李洪本 / 编著

辽宁人民出版社

图书在版编目（CIP）数据

告诉世界我能行. 2, 规避最容易犯的 38 个成长错误 /李洪本
编著.—沈阳：辽宁人民出版社，2013.4（2017.1 重印）
ISBN 978-7-205-07603-0

Ⅰ. ①告… Ⅱ. ①李… Ⅲ. ①成功心理— 青年读物
②成功心理—少年读物　Ⅳ. ①B848.4-49

中国版本图书馆 CIP 数据核字（2013）第 060521 号

出版发行：辽宁人民出版社
　　　　地址：沈阳市和平区十一纬路 25 号　邮编：110003
　　　　电话：024-23284321（邮　购）　024-23284324（发行部）
　　　　传真：024-23284191（发行部）　024-23284304（办公室）
　　　　http://www.lnpph.com.cn
印　　刷：永清县晔盛亚胶印有限公司
幅面尺寸：165mm×225mm
印　　张：13
字　　数：145 千字
出版时间：2013 年 4 月第 1 版
印刷时间：2017 年 1 月第 2 次印刷
责任编辑：陈　昊
装帧设计：丁末末
责任校对：姚飞天
书　　号：ISBN 978-7-205-07603-0
定　　价：26.00 元

法律顾问：陈光　咨询电话：13940289230

前言

　　成长对于我们中学生来说，是那样的不可思议，就好像一颗种子慢慢地从泥土里伸出它那细长的茎，朝着天空的方向长叶、开花、结果。

　　我们觉得自己羽翼已丰，可以脱离父母，独自去飞翔。我们对父母的管教越来越不耐烦、越来越排斥。我们以为自己的判断是对的，自己的未来必将与众不同，却不知，我们正悄然滑入成长错误的泥沼，一不小心就成了"问题少年"。

　　汪斌上初二，自从染上了网瘾，不但经常找妈妈要钱逃课去上网，还经常和社会上一群不良青年混在一起。

　　汪斌的妈妈三年前离婚，又没有正式工作，就靠在家接点零活和前夫一个月300元的抚养费生活，生活并不宽裕。但如果不能满足汪斌的要求，他不仅打骂妈妈，甚至还拿打火机烧掉家中的床铺。汪妈妈将儿子称作"魔鬼"，最后无奈将儿子送到了一所专门矫正"问题少年"不良行为的学校。

　　有时候，我们并没有意识到自己的行为有多严重，也不知道它对自己的未来会产生什么影响，甚至觉得自己的做法并没什么大不了的。也许开始的时候，的确不是什么大错，但最怕日积月累，成为坏习惯。

譬如，最开始，我们说谎仅仅是因为害怕承担事实带来的不良后果，比如考试成绩差，怕回家挨骂挨打，就下意识地选择了说谎。一次、两次，结果多数时候都侥幸逃过了惩罚，说谎就成了习惯。很多时候，不需要说谎，我们也会不由自主地说谎。而慢慢我们又会发现，一句谎言需要说100句谎言来圆。这简直成了一个旋涡，我们困在其中，难以自拔。

譬如，我们会觉得写作业着什么急，先玩一会儿再写不迟。结果，养成了拖延的坏习惯。等到了社会上，这个毛病害人可不浅。你拖延工作，可能会被开除；你拖延去医院，可能会病入膏肓；你拖延行动，你的目标永远也不会实现。

譬如，我们会不由自主地与别的同学攀比，你看A同学的老爸是局长，B同学的家在别墅区，C同学家的车是奔驰。也许这都是不经意的，但如果放任自己的这种攀比心理，那么，我们也许会因此而自卑，变得喜欢抱怨、仇富，甚至会用嘲讽、抢劫等出格的行为来平衡内心。

我们是不是在虚荣、嫉妒、攀比中迷失了自己？我们看待问题是不是偏激了一点？我们是不是习惯了推卸责任，为自己辩解？我们是不是很容易因为一点成绩而自大骄傲？我们是不是遇到一点挫折，就心灰意冷，想要破罐子破摔？我们是不是也会看不到读书的出路，徘徊在"中国人干吗学英语"中？我们是不是遇到了蒙眬的情感，过早地品尝了爱的涩果？我们是不是因为压力太大，而滋生出太多负面情绪，却又无法排解？我们是不是受非主流的影响，而爱上了自虐、喜欢上了叛逆、恋上了追星？

这些错误，就像成长路上带刺的黑玫瑰，虽然妖艳瑰丽，却会刺伤我们。当我们满不在乎地打架斗殴、抽烟酗酒、恃强凌弱，当我们无法控制的迷恋网络、沉迷色情、热衷星座，我们变得越来越焦虑、急躁、贪玩、好高骛远。结果，只会把自己拖入黑暗的深渊。

成长的路上有很多个分岔路口，也会有许多像唐僧取经途中那样的诱惑与灾难。当我们在路途中不知所措，迷茫徘徊的时候，让我们轻轻打开这本书，面对成长中最容易犯的 38 个错误。告诉世界我能行，并不是一句简单的口号，而更多的是我们的实际行动。

目录

说谎
——为什么有时候我总是不由自主地说假话

经典案例

对老师撒谎，是因害怕被爸爸批评

初二的谢宇轩平时爱在课堂上捣乱，从不认真听讲。一次，他在课堂上睡觉被老师抓个正着，老师让谢宇轩请家长。老师见过谢宇轩的爸爸之后，谢宇轩回家就被爸爸狠狠地骂了一顿，就连平时护着他的妈妈也数落了他几句。

此后，老师再让谢宇轩请家长，他就对老师撒谎说："我爸爸妈妈离婚了，我妈妈和别人去国外了，爸爸晚上很少回家。"甚至是开家长会的时候，他都从外边雇一个"爸爸"来参加自己的家长会。

谢宇轩说："我不想让老师跟爸爸告状！我爸脾气上来的时候，真的会打我。"

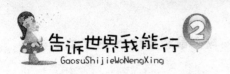

为了不让妈妈失望，我把 60 分改成了 90 分

初三的赵梦是个体贴的孩子，小小年纪很懂得心疼父母，而父母对她的期望也很高，一直都希望她能够考上重点高中。

一次测试，赵梦的数学成绩只有 60 分，当她把成绩单拿给妈妈看的时候，妈妈对她说："赵梦，你以后要好好考，妈这辈子的希望全在你的身上了，你要是考不上重点高中，怎么对得起你妈我呀！"晚饭后，赵梦听见妈妈在厨房里不停地叹气。

期末考试，赵梦的数学成绩还是 60 分，不过她这次把 60 分改成了 90 分。看到妈妈开心的样子，赵梦也很开心，仿佛自己真的考了 90 分一样。

 **认识错误** ★

我们之所以撒谎，往往是为了逃避老师和爸爸妈妈的责罚。多次尝到这种甜头后，我们就会慢慢习惯隐瞒那些不好的事实，能骗就骗，能蒙就蒙。实际上，说谎一旦成了习惯，对我们的成长非常不利。

很多时候，因为突然的情况，我们的谎言会冲口而出。为此，我们会感到内疚、焦虑，担心谎言被拆穿，甚至是后悔和自责。如果别人知道了我们在撒谎，就会认为我们是一个不诚实的人，不愿意和我们交朋友。慢慢地，我们也会失去老师、同学、朋友、家人的信任，给别人留下不好的印象。

说谎的时候，我们也有可能会伤害到父母、老师等其他和自己有关系的人，甚至有的人还会在背后说我们的坏话。重要的是，谎言被拆穿后，我们也会很没有面子。

说谎，不仅会给我们正常的学习和交往带来困扰，对我们自身的健康也是很不利的。医学研究表明：撒谎会严重影响身体健康。在说谎的时候，我们的全部神经都会受到影响，新陈代谢、脉搏跳动、血压高低、呼吸急缓等，都会因撒谎而出现反常现象，引起情绪上的紧张，干扰各种器官功能的正常运行。

我们正处于世界观、人格的形成期，虽然行为容易有偏失，但是这种不良的倾向也容易矫正，所以，只要我们多加注意，就能够克服自己爱说谎的习惯。

改正错误／我们自己改正撒谎的坏习惯

改掉撒谎的坏习惯，我们该怎么做？

在撒谎之前，要学会站到对方的角度去想一想，不要总想着自己

我们虽然能够区别自己和他人的想法，但却不能明确区分自己关心的事物和他人所关心的事情有什么不同。比如，我们在撒谎时，都会感觉自己很委屈，认为撒谎是有理由的，却没有考虑过对方被欺骗是怎样的感觉。

如果，这时我们能站在对方的角度去考虑，那我们就可以体会到被欺骗的感觉。如果我们自己不愿被欺骗，那为什么要骗别人呢？所以，当我们再想撒谎时，要先想想如果别人对我们撒谎了，我们会怎么办。

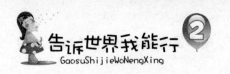
犯了错误，要勇于承认

很多时候，我们撒谎都是为了逃避老师和父母的责罚，没有勇气承担自己的过失。其实，即使我们撒谎侥幸逃过一劫，也有被拆穿的一天，毕竟纸是包不住火的。而且无论我们如何用谎言美化事实，事实也不会因此而改变。

既然发生的事情是无法改变的，那我们为什么不试着勇敢地承认错误呢？诚实的人会受到尊重，父母也会因为"诚实"而谅解我们，并帮助我们改正错误。

做事要有原则，并要时刻坚持

很多时候，我们自己也许并不愿意撒谎，而会出于哥们儿义气帮助同学、朋友撒谎。虽然，友谊是值得我们珍惜，但也不能违背我们做事的原则。当同学、朋友请求自己帮忙撒谎的时候，我们必须先问清楚事情的原因，然后再帮助他们想办法解决。如果对方只想你帮他撒谎，那我们也可以委婉拒绝。

 父母引导 / 培养孩子诚实的品行 ★

当孩子上了初中后，开始频繁地撒谎时，家长一定要弄清孩子撒谎的原因，帮助孩子克服说谎的习惯，培养孩子诚实守信的品德。

不撒谎，父母要以身作则

很多时候，孩子喜欢撒谎都是从父母那里学来的。当家中的电话响了，见是自己不愿意接的，家长有时会交代孩子："如果找我，就说我不在家，随便说去哪了都行。"孩子照着父母的话对别人撒谎，慢慢地，他们也就认为撒谎是一件很正常的事情。所以，家长一定不要在孩子面前撒谎，即使是善意的谎言也不可以。孩子上初中之后，不仅模仿能力越来越强，领悟他人意思的能力也很强。

家长犯错误的时候，在孩子面前要勇于承认错误

身为父母，在家中犯了错误也要勇于承认，切不可为了在孩子面前维护自己的形象而扭曲事实。因为只有家中的成员能够保持诚实真挚的态度，孩子感受到父母的诚实可信，有了过失他才能敢于承认。

家长要了解孩子撒谎的真相，并给予正确引导

说谎都是有原因的，家长在处理孩子撒谎时，一定要全面地了解事实真相，给孩子讲清各方面的利害，给他改正的机会。家长不要为了堵住孩子撒谎的口子，一棍子打死孩子的所有行为，比如，"你每次都这样说，每次都撒谎，我还能信任你吗？"

既然你已经不相信孩子了，那孩子也会感觉说不说实话都无所谓了。

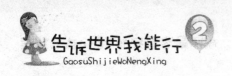

懒惰
——事情真的很麻烦，就是不想去干

 经典案例 ★

洗衣做饭有父母，我懒得做！

华研是初二的学生，各科成绩都很好，可是人却比较懒，并且习惯了事事依赖父母，动手能力很差。

一次，父母都到外地出差了，家中只有她一个人。第二天，上学她就迟到了，因为她习惯了妈妈叫她起床，也习惯了妈妈帮她收拾好书包，妈妈不在家，她就手忙脚乱了。好不容易收拾好东西去学校，却因为搭错了公交车迟到了。

"怎么今天迟到了？而且还迟到了 15 分钟。"老师板着脸问她。

"爸妈出差了，我自己起床晚了。"华研觉得自己很委屈。

"没有闹钟吗？"平日里华研在老师们的眼里还是个听话的孩子，老师的口气也不知不觉变得温柔了。

"有，可是我不知道妈妈把它放哪里了，而且我也不会调闹钟。"说完华研就低下头，感觉自己的脸上火辣辣的。

在爸妈出差的那段时间，虽然华研再也没有迟到过，但人却瘦了一圈，而且每件衣服都是脏的。当她实在没有替换的衣服时，她就给妈妈打电话：

"妈，我没有衣服穿了，你什么时候回来呀？"

"还要几天，你的衣服呢？衣柜里不是有好几套吗？"妈妈很疑惑。

"没了，都脏了。"

"你可以放在洗衣机里面洗一下，把衣服放进去……"

"妈，我不会，再说我还要写作业呢，哪有时间洗衣服呀？你给我打几百块钱，我去买新衣服吧，回来之后你给我洗，好不？"

妈妈深知自己的女儿，她不想干一件事情，说什么也是不去干的。只好给女儿1000元钱，作为买衣服和零用的钱。

华研的妈妈出差回来，发现家里又脏又乱，就连垃圾华研也没有丢过。华妈妈坐在沙发上想："华研从什么时候开始这么懒了？"

认识错误

很多时候，父母习惯了对我们的事情大包大揽，偶尔我们想扫扫地，妈妈总是会嗔怪地说："进屋写作业去，这种事情妈妈来做就好了，你现在只管读书。"

时间久了，我们也就认为学习才是我们最主要的任务，从而习惯了事事依赖父母，连力所能及的小事也不愿意去做了。

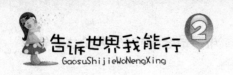

虽然我们还小，还需要依靠爸爸妈妈，但是过度依赖他们，也会使我们变得懒惰，最后影响到我们的身心发展。

比如，学校大扫除时，有的同学因为懒不愿意和其他同学一起劳动，可能会被老师罚干更多的活。在同学面前被批评，也会让我们感到很没有面子，很长一段时间在同学面前都抬不起头，做什么事情都觉得低人一等。

有的同学也许还有这样的经历：

1. 不愿意上体育课，不愿意参加学校的体育活动，最后身体越来越差，动不动就生病，而且也很容易被其他生病的人传染，抵抗力很差。

2. 对周围的人和事漠不关心，同他人交往不愉快，慢慢地，同学开始远离自己。在生活中，也没有几个聊得来的朋友。

3. 日常生活没有秩序，不喜欢收拾自己的屋子，更不愿意洗自己的衣服。爸爸妈妈不在家时，自己的生活乱成一团，可能最后都没有换洗的衣服。

4. 常常听到闹铃响过三遍之后，才慢腾腾地起床，以至于常常迟到。

有时候，懒惰也会使我们失去学习的上进心。懒得重复做一道习题，懒得多读一会儿课本，懒得去老师办公室问问题，最后，慢慢地，我们的成绩就会下滑。当成绩已经下滑到中下游的时候，我们也会因懒惰而不愿意去改变，最后习惯了在学校"混日子"。

懒惰可以抑制我们的思想和做事的激情，有时也会让我们感觉到一无是处，或者是不得志，影响了我们身心健康和智力的发展。所以，我们要克服懒惰的习惯，做一个勤劳的热爱生活的人。

改正错误 /

做到这些我们也可以克服懒惰的习惯

事实上，懒惰是我们心理上的一种厌倦。克服懒惰，会让我们把事情做得更好，比如，期末的测试考得更好，竞赛中获得冠军，等等。所以，我们就有必要改改自己懒惰的习惯了。

养成每天按时起床习惯

可以调好闹钟，每天早上让闹钟叫我们起床，而不是爸爸妈妈。这样不仅可以改掉睡懒觉的习惯，也可以使我们慢慢地不再依赖爸爸妈妈。

主动帮助妈妈做点家务，做一些自己力所能及的事情

比如，帮助妈妈打扫卫生、洗菜、刷碗；动手洗自己的衣服、整理自己的房间。在学校，认真地完成值日，积极参加学校组织的各种活动和劳动。

给自己制定严密的学习计划

每天按时完成老师布置的功课，养成不完成作业不上床睡觉的习惯。制定了学习计划之后，要严格按照自己的计划学习，不要有"明日复明日"的想法。

用丑娃提醒自己

在写字台上放一个小丑娃，每当发现自己变懒的时候，就拿有颜色的水笔在小丑娃的脸上画一笔，或者是涂一些醒目的颜料。时间久了，看见丑娃丑陋的样子，我们就会下意识地提醒自己不能再懒惰了。

贴点相关的名言警句

在书皮上、铅笔盒内、床头上贴一些有关懒惰危害的名言警句，

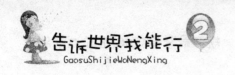

时刻提醒自已。比如，"懒惰能磨去才智的锋芒""勤奋是成功之母，懒惰是万恶之源""艰难由懒惰生，苦楚由偷安来""天下事，以难而废者十之一，以惰而废者十之九"，等等。

强迫自己独立解决问题

懒惰的根源是习惯了依赖别人。克服懒惰，就要学会自己的事情自己做。比如，独立完成作业；爸妈不在家的时候，自己做饭吃；独自去看望爷爷奶奶、外公外婆等。

 ## 父母引导 / 培养孩子勤劳，爱生活的好习惯 ★

懒惰是一种不良的习惯，对孩子的身心健康都有伤害，尤其在进入青春期之后。但很多家长却认为孩子的懒惰无关紧要。家长应培养孩子有主见的性格和独立生活的能力，培养孩子竞争的意识。

"舍得"让孩子劳动

没有天生的懒孩子，孩子的懒惰很大程度上都是在后天环境中慢慢养成的。如果家长把什么事都包办了，孩子自然就懒惰了。尤其是在三代同堂之家，隔代长辈对孩子往往过于溺爱和特殊照顾，这样孩子怎么会勤快起来呢？所以，家里一定要上下一心，舍得让孩子做一些事情，抓住让孩子变勤快的一切机会。

让孩子分担一些家务

生活中，家长要主动让孩子分担一点家务，不要因孩子要学习而不让他们参与家务。比如，去超市买酱油、盐、醋之类的生活必需品，这样也可以促进孩子对生活的一些了解，同时也能够很好地培养他们勤劳、爱生活的好习惯。

和孩子一起参加体育锻炼

家长也可以用体育锻炼的"良方"来治疗孩子的懒惰。家长可以先陪孩子一起参加体育锻炼，每天锻炼的时间不一定太多，但贵在坚持。这样一方面能够增强孩子的体质，更重要的是能振奋孩子的精神，从而慢慢改掉懒惰的恶习。

拖拉

——反正还有时间，还是再玩会儿吧

 经典案例

人人叫我"拖拉机"

2011 年 6 月 15 日　星期三　晴

马上就要升初二了，我还是改不掉做事拖拖拉拉的坏毛病。我穿衣服慢、扫地慢、走路慢……所以，同学们给我起了个外号"拖拉机"。

早上起床，闹钟"叮铃铃"响个不停，我很不情愿地睁开眼睛，在妈妈一遍一遍地催促下穿好衣服，慢条斯理地开始洗漱。还没有洗好脸，我就听到妈妈喊："快点，别磨蹭了，小佳，该吃饭了。"饭桌上，妈妈见我一副细嚼慢咽的样子又催促道："快点吃，不用去上学呀！"

即使妈妈每天都这样催促，我还是经常迟到。后来，不但妈妈烦，我自己也感觉挺烦的，可是我就是做事快不了！

上周日，妈妈去看望奶奶，留我一个人在家写作业。刚好电视里播杨幂主演的电视剧，心想反正还有一天的时间，先看 15 分钟的电视再写。一会儿，我又对自己说："再看半个小时再说。"等到要写作业时，我又觉得饿了，就去逛超市买零食。大半天的时间就这样被我"拖拉"掉了。妈妈回家后，见我一点儿作业也没写，指着我就是一顿数落。

因为拖拉，我语文课代表的职务也没了。谁让每次交作业，我都是最后一个交上去，还常被老师请去"喝茶"呢！自己的作业都没有办法按时交，哪能管得了别人，所以同学们都建议我"下岗"。

这样的我，连自己都觉得讨厌。所以，我有一个梦想，就是把自己这辆"拖拉机"变成"小飞机"。

 ## 认识错误 ★

不少同学做事拖拉并不是自愿的。因为他们天生就是"慢性子"的人，或者受到做事比较拖拉的爸爸妈妈的影响，所以做事比较慢。

但是，还有不少同学是故意拖拉的。13 岁的彤彤本来做事挺快的，作业一个半小时就做完了。可是，爸爸妈妈为了让她提高学习成绩，又给她布置了很多练习题，还要她练琴。想着做得越快，作业就越多，自己就越辛苦，彤彤就开始故意拖延做作业的时间。她用 3 个小时做学校作业，花上半个小时收拾书包，然后就到了该睡觉的时间了。久而久之，彤彤就养成了做什么事都拖拉的习惯。

有时候做事慢而细致，可以做出好效果。但是，对于课业比较繁重的我们来说，做事太慢，没有效率，会逼得我们牺牲休息时间。这自

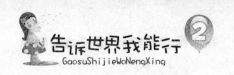
然影响了我们的身体健康。而且，美国心理学家约瑟夫·R·法拉利认为，做事拖拉是一种"心"病，可称为"慢性拖拉症"，是一种不健康的心理表现。

在现实生活中，若我们做事拖拉，喜欢把"明天做、以后做"挂在嘴边，抱着得过且过的心态而不立即行动，那我们永远都无法及时地、保质保量地完成事情。

不少同学禁不住诱惑，会在写作业的中途停下，去看自己喜欢看的电视剧、综艺节目。结果，看到深夜过了看电视的瘾，作业却还有不少没写。这时，再怎么懊恼、烦躁、自责也没用，我们不得不"开夜车"。

还有不少人作业一拖再拖，只好在家长、老师的再三催促下心急火燎地草草了事。但是，这种应付性质的"做作业"可能会出现很多错误，比如错别字、审错题意或计算错误等。这样我们浪费了时间和精力不说，还没能巩固所学知识，成绩自然很难有进步。

 改正错误／做好自己，我不"拖拉" ★

怎么才能做到做事快捷高效呢？

做事情要有明确的目标

比如，今天晚饭的目标是写完数学作业，那我们就在吃完饭后，马上回到屋里写数学作业，不要等到爸爸妈妈催促才去写，不要先写一些其他的作业，如语文、英语等。也就说，我们明确了自己做事的目标后，就要马上行动。

不再找理由放任自己拖拉

做事拖拉的人总会想尽办法为自己不及时做事找很多理由。比如"我饿了""时间还很多，再玩一会儿""爸爸妈妈不在家，我难得享受一下自由"……

事情来了，我们要告诉自己："立即、马上去做，不要等待，不要拖延。"如果开始为自己找理由，一定要让自己的想法停下来，而开始动手做事。

学会合理安排任务

一个大任务会让人无从下手。我们可以把任务分成大块和小块，然后把每一小块任务放在自己的日程安排中去完成。比如，几点做数学，几点做语文，给每件事设定一个完成的时间点，并敦促自己按时做完，这会给我们一种紧迫感。

当然，如果自己的自制力比较弱，常会写着写着去玩游戏、看电视，那就可以请爸爸妈妈当监督员，严格要求我们按规定行事。这样也有助于减缓我们做事拖拉的习惯。

 ## 父母引导／如何让孩子"快"起来

当孩子做事拖拉时，家长不能一概而论，而应具体问题具体分析，有效地帮助孩子改正做事拖拉、磨蹭的坏习惯。

定规矩，严格监督执行

徐芳都 15 岁了，做事还不紧不慢的。徐妈妈催过、劝过、吵过，当时有点用，可没过几天女儿又慢下来了。最后，徐妈妈给女儿定了

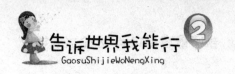

规矩：自己的事情没有做完，不允许看电视；作业没有写完，不准上网；起床的时候超过5分钟，这个月的零花钱减三分之一。

刚开始，徐芳没当回事，屡屡"犯规"。但很快她就发现妈妈这次是动真格的。一个月后，徐芳果然有点改变，做事不像以前那么爱拖拉了。

让孩子承受做事拖拉的后果

不撞一回南墙，孩子是不会学乖的。再苦口婆心地说教，孩子也可能左耳进，右耳出，不痛不痒。所以，不如让孩子直接体验做事拖拉的后果，然后再告诉他们怎样才能做好。

比如，早上孩子总是赖床，或慢腾腾地洗漱，那家长也不必一遍一遍去催了。他不起床，那就要他自己承受迟到的后果。一次两次，孩子自己就对早起上心了，懂得听到闹铃马上就起床，要穿的衣服前一天晚上提前准备好，等等。这样既改掉了孩子做事拖拉的坏毛病，还有助于培养他的责任意识。

给孩子找个比较的对象

王静的丈夫本身就是个慢性子。儿子刘涛不可避免地受到影响，作业总是会拖到很晚才写，第二天早上也起不来。想到儿子比较好胜，总说自己比爸爸强，王静就常拿他们爷俩儿的做事拖拉相比。刘涛为了比过爸爸，做事也慢慢地有效率了。

除此之外，让有心改正的孩子在班级里给自己找个做事快捷的榜样，观察别人是怎么做作业或看书的。有好的地方就要学习，比如做作业时不边做边玩，做完一门再做另一门，等等。

虚荣
——一定要做一件让同学高看我一眼的事情

经典案例

★

你敢喝，我就敢醉！

溧阳很看重面子，总希望自己在同学们面前有点威望。

一次，同学们商量怎么给班长过生日。溧阳觉得这是个表现的机会，于是他说："这有什么难办的！等到那天放学后，我们出去给班长办个生日 PARTY 不就 OK 了吗？"同学们都表示同意，可又想："举办生日 PARTY 的钱从哪儿来？"一筹莫展之际，溧阳豪气地说："小意思，这点钱我出了，那天你们等着吃大餐就可以了。"

回到家，溧阳谎称"要买参考书"和篮球，从妈妈那里拿到了一笔钱。后来，他又陆续向奶奶要了点钱。

在 PARTY 上，大家都玩得很高兴，夸溧阳有本事，连班长都多次感谢溧阳。这让溧阳很得意，觉得自己在同学面前终于有地位了。

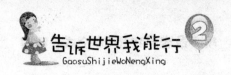

聚会中，一个男同学对溧阳说："为了尽兴，敢不敢和我喝几杯酒？"见溧阳迟疑，他又接着说："你今天敢和我喝酒，以后在班里我就是听你的，你就是我的老大。"

"好，以后你就等着叫我老大吧，今天你敢喝，我就敢跟你醉！"溧阳一下被那位男生说动了。为了这个"老大"，他觉得喝多少酒都值！

那天，溧阳喝了三瓶酒，醉醺醺地回到家。第二天因为饮酒过量呕吐不止，不得不到医院输液。溧妈妈知道了事情的前因后果后，对溧阳实行了一个月的经济封锁。

不过，溧阳还是觉得自己很了不起，因为他终于干了一件令同学们刮目相看的事情了。

 认识错误 ★

适度虚荣并不是一件坏事，它是激发我们积极进取的内在动力。比如，我们为了得到老师、家长的赞扬而不断提高学习成绩；为了让别人羡慕自己而希望在期末测试中考得第一，等等。

可是，若我们过度地、不恰当地去追求虚荣，那对我们来说就是一件坏事了。

不少同学陶醉在鲜花和掌声中，经常拿自己的特长和成绩作为资本处处炫耀。这样的话，其他人就会疏远我们。而当我们的特长和成绩比不上别人时，我们的自卑感往往会比别人强烈，甚至会失去重新站起来的勇气。

有时候，我们会刻意奉承班上的某位同学，在其他同学面前过分渲染自己与他的关系。其实，这是为了获得其他人的重视和羡慕，是一种虚荣心理。

不少同学害怕丢了"面子"，才疏学浅却在他人面前夸夸其谈，家境贫寒却在同学中摆阔气，大吃大喝，能力不大却表现出一副怀才不遇的样子……

有的同学可能做过这样的事情：

1. 喜欢在同学面前谈论自己有名气的亲戚朋友；

2. 买衣服的时候，总喜欢那些时髦服装，尤其是名牌服饰；

3. 喜欢在同学面前摆阔；

4. 特别爱表现自己，尤其是大庭广众面前愿意露一手；

5. 不懂装懂，却在别人面前海阔天空；

6. 对老师和父母的表扬沾沾自喜。

如果虚荣心过多膨胀了，这对我们的身心健康成长是不利的，尤其是女孩子。女孩子长大后很有可能因为贪慕虚荣而经不住利益引诱，上当受骗。所以，我们要直视自己的虚荣心，改掉过分虚荣的坏习惯。

 ## 改正错误／直视自我的虚荣心

适当的虚荣心能使人进步，但过度的虚荣心会危害我们的身心健康。如何把握好这个度呢？

正确对待自己的优点、缺点和不足

虚荣心太强，大多是因为我们不能正确认识自己的能力、优缺点、不足等，所以，常常做出一些浮夸的事情。为此，我们要全面地了解

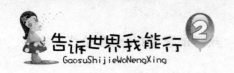

自己，辩证地评价自己，认清什么是自己能做到的，什么是自己不应该做的。

当然，必要时，我们也应该多听听老师、同学、朋友对自己的评价，从别人的评价里找出自己需要改正的地方。

正确对待长辈们的称赞，树立正确的荣誉观

不少人面对荣誉和夸赞总是容易飘飘然，到处自夸，这样荣誉很快会变成虚名。想要克服虚荣心，我们就要对自己获得的荣誉、长辈的夸奖、同学们的赞扬有一个正确的认识，不自骄自傲，摆阔逞强，而是不断提升自己的实力，做到更好。

适当惩罚自己的虚荣心

即使我们时刻提醒自己不要虚荣，但有时候难免会控制不住。如果事后我们意识到了"我这样做是虚荣心作祟"，那就给自己点惩罚吧，这样我们的记忆会更深刻一点。比如，罚自己多弹一个小时的琴，帮妈妈买菜或一个星期不吃零食等。

请父母或朋友来监督

请几个好朋友监督自己的言行，并让他们在我们暴露出虚荣心时，给予提醒和批评。或者，请爸爸妈妈指出我们生活中哪些行为是为了满足虚荣。注意，面对好友的批评、父母的提醒，我们不能生气，应该认真地分析反省。有则改之，无则加勉。时间久了，这就可以淡化我们过强的虚荣心理。

用名言警示自我

我们可以用"每个人的虚荣心和他的愚蠢相等的"这句名言警示自己。当我们在与他人攀比或为了得到别人的赞扬而做一些没有意义

的事情时，不妨常看看这句话。

 ## 父母引导／培养孩子谦逊朴实的习惯 ★

孩子虚荣心旺盛，家长应该怎么办呢？

不要在外人的面前表扬自己的孩子

孩子若缺乏自信，大人可常鼓励夸奖。但若孩子比较容易自负自傲，家长还到处夸耀孩子，那孩子更容易得意，到处炫耀。因此，家长应该减少夸奖孩子的次数，多给虚荣的孩子泼泼冷水。

帮助孩子区分"需要"还是"想要"

孩子消费时，家长一定要把好关，不能让孩子把虚荣上升到物质的攀比。如果孩子喜欢某个名牌或昂贵物品，坚持要买，家长应帮助孩子分析清楚这件东西到底是"必需的"还是"想要的"。如果，这件东西是孩子不可或缺的，那家长可以给孩子买。但若是可以不买的，家长应说明原因，让孩子慎重选择。

从小淡化孩子的物质需要

如果家长在孩子小时候，就给孩子比较优越的生活条件，或者是处处把孩子包装得像个"公主""少爷"，那孩子长大后很有可能会爱慕虚荣。所以，有时候家长不能对孩子提出的物质要求"有求必应"，另外，大人应该引导孩子多看一些具有教育意义的书籍。

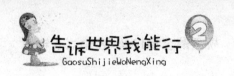

05

嫉妒
——为什么老师、同学总是夸奖他

经典案例

★

15岁谷晴的作文《嫉妒·伤害·泪水》

不知为什么，最近我总是想起那件不堪回首的往事。

梁月是我以前的同桌，9岁时失去了妈妈，和爸爸相依为命。因此各科老师对她都很照顾。

一次数学考试，我终于考了99分，拿到试卷的那一刻，我高兴极了，似乎已经看到老师当着全班同学的面夸奖我的那一幕了。谁知，老师简单地分析了数学考试的情况后，笑着说："这次，我们班的最高分是100分。"我一下子蒙了："谁会考100分呢？数学可是我的强项，我一直都是第一的。"

"梁月同学经过不断努力，数学成绩有很大的进步，获得了第一，大家鼓掌祝贺！"老师和同学们都为她鼓掌，而我心却仿佛被什么扎了一下，心想："她肯定是抄袭我的！"

嫉妒突然间吞噬了我每一个细胞。从此，我再也没有主动和梁月说过一句话。

会考前，我在走廊捡到了梁月的准考证。我没有交给她，而是鬼使神差地迅速把它丢进了垃圾桶。第二天，一群同学围着伤心的梁月安慰她。我心里一阵高兴之后，就是后悔、自责。后来，在老师们的帮助下，梁月终于能参加考试了，而我却更不敢与她讲话了。

中考结束后，所有同学都给我写了毕业留言，只有梁月没有写，我也不知道该怎么开口。自习课时，梁月突然说："怎么不请我给你写毕业留言呢？"我不知道该怎么回答。就在我愣神儿时，她主动拿起了同学录，给我写了毕业留言。晚上回家，我哭了，我知道自己错了，而我却没有勇气向她道歉。

嫉妒曾经使我迷惘、伤痛，甚至一度带走了我的良知。所以，人可以嫉妒，但不能超过底线，不然，受伤最深的还是自己。

 **认识错误**

每个人都有嫉妒心。比如，羡慕别人成绩好人缘好、嫉妒别人长得漂亮才艺多、艳羡同学家有房有车太有钱……

有时候，适度的嫉妒心会转化为上进心，使我们学东西、做事情更有动力。比如，嫉妒其他同学成绩好，我们就会告诉自己："好好学，争取赶上他。"有了这股冲劲，我们的成绩就可能有提升。其他的事情亦是如此。

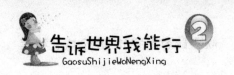

可是，若嫉妒心太盛，成了嫉妒的奴隶，那我们就会心胸狭窄，做出一些过分的事情。不少人受嫉妒心的驱使，用语言攻击、诽谤对方，甚至泯灭良知，对他人下黑手，伤害了别人的身心。久而久之，同学们自然会疏远和孤立我们。

更多的时候，嫉妒会使我们处于紧张、焦虑、压抑的痛苦状态，就像法国大文豪巴尔扎克所说的那样："嫉妒者所受的痛苦比任何人遭受的痛苦都大，他自己的不幸和别人的幸福都使他痛苦万分。"这种痛苦不仅会影响到我们的学业进步，对我们的身心健康发展也是十分不利的。

若因嫉妒而把大好的时光都浪费在贬低别人的优势上，把自己的苦恼系在别人的成绩上，那我们只能越陷越深，愈加痛苦。

改正错误／把嫉妒从心中赶走 ★

英国著名作家莎士比亚说过："您要留心嫉妒啊，那是一个绿眼的妖魔，谁做了它的牺牲，就要受它的玩弄。"的确如此，那我们该怎么把嫉妒赶走呢？

通过正确的竞争方式，不断提高自己

当意识到别人比自己强时，我们应该用他们的成绩来激励自己，努力做到比别人更强、更优秀。那些只想着怎样拖住不让他人进步，或者是诋毁他人的行为不过是懦弱者的表现。

其实，我们的学习目的不止是为了超越别人，也不是抓住别人的进步死死不放，而是不断超越自己，战胜自己。而证明自己比别人强

的最好办法，就是通过正确的竞争方式不断提高自己。

让自己有一个开阔的胸襟

嫉妒与人的心胸是否狭窄有很大关系。心胸狭窄的人最容易嫉妒别人，而一个胸襟开阔的人才能容纳别人。因此，我们凡事要学会看得开，换一种眼光，将嫉妒转换成对他人的鼓掌和祝愿。同时，我们也要相信自己的能力，用自信赶走不良的嫉妒心理。

空闲时，多做有意义的事情

如果我们每天都忙着学习运动，自然也就没有闲工夫去嫉妒别人了。所以，闲暇时，适当多看一些有益的书籍，或者参加一些自己感兴趣的户外活动。如果长期如此，不仅能转移注意力，还能开阔胸襟。

取他人的长处，补自己的短处

孔子说过："三人行，必有我师焉。"那些各方面表现优异的同学不仅是我们的竞争对手，还可以是我们学习的榜样。多观察他们的优点，或者借鉴他们的学习经验，能弥补自己的短处和不足。这样的话，我们的进步才会最大。

倾诉心中的嫉妒

总在心里和嫉妒情绪纠缠，那就会把心勒得更紧，越陷越深。要是压抑久了，我们的心理就可能不健康。

嫉妒情绪需要疏导。当嫉妒时，我们可以把自己的嫉妒说给爸爸妈妈或者值得信任的人，请他们开解我们。当我们从别人的角度看自己的行为，也许就能恍然大悟，找到出口。

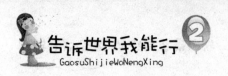

 ## 父母引导/让孩子学会欣赏别人 ★

孩子"小心眼儿",爱嫉妒,家长该怎样办?

欣赏自己的孩子

如果家长总是夸奖孩子的兄弟姐妹或者邻里家的小孩,而对孩子进行贬责,那孩子很容易嫉妒被表扬者。

所以,家长要懂得欣赏自己的孩子,多多指出孩子的优点。比如,孩子的英语成绩很差,但孩子每天都很努力,这时妈妈就要夸夸孩子,肯定孩子的付出,"我的儿子最好了,虽然我们成绩不好,但是们比别人用功,总有一天我们会超过别人的。"

孩子从父母那里得到了肯定,发现了自己优势,就会使自己失衡的心理天平重新恢复到平衡状态了,不会过于嫉妒了。

让孩子学会悦纳别人

家长要以身作则,尽量不要在孩子面前批评其他人,挑其他人的错,否则孩子会受到不良影响。

大人要有意识地培养孩子欣赏别人的习惯。要经常让孩子说出别人的优点,比如,班长的优点、老师的优点、爸爸妈妈的优点等。当孩子说出别人的优点后,家长要及时给予孩子指导,告诉孩子这是对方之所以优秀的原因。让孩子懂得欣赏他人,孩子就更可能悦纳而不是嫉妒。

攀比
——别人穿名牌我也必须要穿

 经典案例

初一许阳的日记《为什么我没有》

我上初中了，班级里的同学来自"五湖四海"，普通话代替了我们不同的方言，校服代替了我们五花八门的服装，但却没有一样东西能够代替我们迥异的内心。

体育课上，我见小雨坐在操场的角落闷闷不乐。"怎么了?"看她一脸不高兴，我好奇地问。

"没什么，和我妈妈吵架了。"

"Why?"

"我看上一款3000多元的手机，妈妈没有给我买，郁闷死了!"

"那个手机有那么重要吗?"我有点奇怪。

"当然，你看同学们穿的都是名牌，用的文具都是进口的。而我还

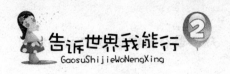
是去年旧的呢。"

"那有什么，我的也不是旧的吗？"

"所以，同学们都不愿意和你玩，背地里叫你'土包子'，生日聚会也不请你呀。"说完，小雨就站起来走了。

第二天，课间休息时同学们都围着小雨议论。我走近一看才知道，原来小雨如愿地拿到了那款3000多元的手机。看着小雨被同学们羡慕的样子，再想到自己所有的"家当"加起来也没有小雨的手机贵重，我心里酸酸的。

回家后，我也开口向妈妈要钱买手机，结果被妈妈大骂了一顿，说我不体谅家人挣钱的辛苦。想着同学们的嘲笑，我忍不住和妈妈大吵了一架，然后冲出了家门。

在无人的地方，我委屈地哭了，心想："为什么别人什么都有，我却没有呢？"

 ## 认识错误 ★

看到同学、朋友们穿着名牌衣服，用着进口文具，手拿昂贵手机，我们自然羡慕、嫉妒。不少人为了能让同学看得起自己，就不顾家里的经济情况，通过一哭二闹的方式向爸爸妈妈要钱买名牌。拿到后，自然要在同学们面前炫耀一番了。可是，其他同学肯定不甘落后，于是新一轮的攀比又开始了。

这种在买名牌等方面一味比高，就是物质攀比。比如，同学吃过了麦当劳，那我有机会就一定要去吃肯德基，你吃一顿，我就吃两顿；

看着同学们都在穿"耐克"的衣服，回家就让妈妈给自己买"李宁"的鞋；同学刚买了新的索爱手机，你就为自己的"苹果"做准备了；同学过生日在饭店包了三桌，生日时我就请同学唱卡拉 OK……

这种盲目攀比物质的行为，很不利于青少年的健康成长。

想一想，身为学生，我们不比学习、运动、才艺，而是比谁吃得好、穿得好、玩得好，那又有什么用呢？把心都用在上课摆弄小梳子和小镜子，下课同学围着讨论谁的"家当"先进，放学后忙着送贺礼、办生日宴会等上面，无心学业，那怎么可能有所成就？

而且，并不是所有家庭都很富有，我们的父母也全不是企业家、大老板、高级经理。盲目地在生活上攀比，必然会加重家庭的经济负担。要知道，父母辛苦挣来的，是为了供我们读书的。如果我们只是为了让同学看得起自己，而盲目追求名牌、高消费，那我们怎么对得起父母对我们的期望呢？

再说了，盲目跟风攀比，一点主见都没有，别人说什么好就什么好，那只能在物质生活中迷失了自己。

 ## 改正错误／不比名牌比学习

树立正确的"攀比观"，有助于改正盲目攀比的错误。那什么样的"攀比"是正确的呢？

勇敢地和对方比学习

有时候，我们本不想攀比，但其他同学会"激"我们。不少人为了维护面子而陷入攀比的怪圈。如果下次再有同学说我们是"土包子"，

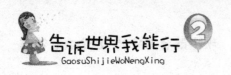
那不妨反击回去："身为学生，要比就比学习。有本事你别做学习的土包子呀！"

把攀比的点转到好的特长和行为习惯上

比谁的玩具更高级，谁穿的衣服更漂亮都是虚的，不如把眼光转到好的特长与行为习惯上。如果能和别人比这些有助于我们健康成长的点，那我们就能从中受益。而且，若我们的攀比与自己的兴趣结合起来，那更有利于培养自信心。

学会反攀比

一般来说，我们在攀比时最典型的理论就是"别人都有，所以我也应该有"。当我们这么想的时候，不妨转过来反攀比。比如，用自己的长处去比别人的短处，用自己进步的一面去比别人不好的一面，用自己有的东西比别人没有的东西，等等。这样一想，我们就会发现自己也是有优势的，就不会一味地和别人竞相攀比了。

合理消费

人的需要的满足是受一定条件限制的，尤其是受家庭经济的限制。因此，购买服装、鞋子、手机、学习用品时，要尽量考虑到家庭的承受能力，不应该追求超前消费，这样才不会给父母加重负担。

退一万步说，即便家中有钱也不应该高消费。世界首富比尔·盖茨从来不买名牌，不住豪宅，吃饭都去小餐馆。所以说，衣服鞋子舒适就好，文具只要不坏就应该珍惜着用。懂得珍惜和节约，对我们的成长很有益。

多看书多活动，丰富精神世界

闲暇时，多去图书馆、博物馆、展览馆走走看看，多参加学校或班级的集体活动，丰富课外生活，充实头脑。等到精神世界得到满足之后，对于物质上的攀比也就有了免疫能力了。

 ## 父母引导／帮助孩子戒掉"攀比"

孩子爱攀比，大人一定要及时对孩子进行引导。

让孩子参与家庭理财

女儿刚上初一，每天回来就嚷着要这要那。秦女士和丈夫意识到女儿爱和其他同学攀比后，就把家庭收入和开支如实告知女儿，让女儿了解自家的经济状况。

当孩子明白了"钱不是树上长出来的"，而是爸爸妈妈辛苦挣来的，那就会意识到自己提出的花钱要求是对爸爸妈妈的为难，孩子就会懂事，不乱花钱。

不能在经济上纵容孩子

13 岁的徐良一哭二闹要求爸爸给他买个 MP5。徐爸爸一听，就说："这次考上全班第一，就给你买。考不上，我们就用你的零用钱买。"徐爸爸认为"对于孩子的要求，一定要让他们付出努力之后，再满足他们，这样他才不会和别人攀比，也不会爱慕虚荣。"

家长要创造机会，让孩子通过劳动得到自己想要的东西，这样才能使孩子不胡乱花钱。

不要用物质表达对孩子的爱

如果父母习惯用物质、金钱来表达对孩子的爱，那就会很容易使孩子爱慕虚荣。孩子需要的是父母的爱，如果家长能多关心和陪伴孩

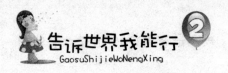

子，孩子的成长会更健康。

日常生活中，大人可以多和孩子说一些关爱的话，比如"天冷了，多穿件衣服""外边下雨了，上学带上伞吧"。工作再忙，每天最好抽出 10 分钟，像孩子的朋友一样和孩子聊聊他感兴趣的事情或者他的烦恼等。这样做，比给孩子名牌或金钱更能温暖孩子。

骄傲
——看看我，厉害吧

经典案例

13 岁刘邺的作文：《骄傲的代价》

一阵微风吹过，一只红气球飘了起来。它飘呀飘，飘到了西瓜地上空，看见满地绿叶子里有不少和自己形状差不多的绿皮西瓜正躺着睡大觉。

一想到只有自己是鲜红的，红气球就美得很。它清了清嗓子，摆出一副骄傲的样子，对地上的西瓜们大声喊："喂，你们这群家伙，能听到我说话吗？我是美丽的红气球小姐。"这时，几片叶子懒懒地伸了个腰。红气球喊得更来劲了，"看看你们，一个个都是单一的绿色，难看死了！简直就是个土包子。看看我，我的衣服多漂亮呀，你们能和我比吗？"说完，红气球还在空中晃了晃，又指点着西瓜们说："你们一直都趴在地上，能看到我所见过的景物吗？我比你们有见识多

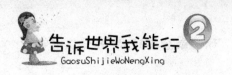
了。"正说着，一阵轻风吹过来，红气球有点飘飘然了。

一个小西瓜怯生生地问："你是不是去过很多地方呀？知道不少事吧？能给我们讲讲吗？"红气球骄傲地说："当然了，土包子们，我随着风去过很多地方呢，我就是从大城市里走出来的。城市的繁华，热闹的人群你们没有见过吧！而且，我还到过故宫，沿着万里长城走了一圈。"问话的那个小西瓜听了，自惭地吐了吐舌头，信以为真了。其实，红气球根本没有那么大的本事，都是它吹得。

就在红气球扬扬得意的时候，天空忽然下起了雨，而红气球被雨滴打落在地上，满身的泥泞。看着身边依然绿油油的西瓜，它再也发不出骄傲的声音了。

认识错误 ★

不少同学的家庭条件比较优越，父母的收入和地位也相对较高。这种家庭的优势会让我们扬扬得意，瞧不起那些比自己差的同学，甚至还可能故意嘲笑别人的短处。另外，少数人因为学习成绩比较好，受到老师的优待，往往会看不起普通同学。

虽然有时候骄傲可以理解为是一种自信的表现，但是过于骄傲，不可一世，却是有害的。要是长期如此，骄傲者可能终究会从高空中跌落，摔得粉碎。

俗话说，"虚心使人进步，骄傲使人落后"。一个骄傲的人，常常会自满，只看得见自己的好，却无视别人的优点。若总是抱着这样的念头而不继续努力，那总有一天我们会被其他人赶超过去。而且，不少骄傲自负的人往往会变得好高骛远，因此遭受挫折的机会更多。一旦受到了打击，骄傲自负的我们又容易一蹶不振，产生严重的自卑心理，甚至对自己破罐子破摔，学习上很难有进步。

再说了，谁喜欢和一个骄傲自负的人在一起呢？你干什么他都瞧不上你；你做得再好他也不喜欢，而是一个劲儿地夸他自己多棒。久而久之，骄傲者就像刺猬一样，让人想逃离和疏远。这样的话，我们怎么可能有伙伴或朋友呢？

 ## 改正错误／保持谦逊，远离骄傲 ★

虽然古人说"人不轻狂枉少年"，但过于骄傲却实在不好。如何远离骄傲呢？

学会全面认识自己

人若骄傲，必有理由。问一问自己："我骄傲的资本是什么？"若是家庭富有，那是爸爸妈妈的功劳，跟我们自己没关系；若是学习成绩好，那我们要看看其他学习好的同学是不是也骄傲？或者是不是自己就是天下第一，最最聪明的？如果不是，那还是收起你的骄傲吧。

另外，要全面地评价自己，既看到自己的优点和长处，也要看到自己的缺点和不足。这样，当取得成绩之后，我们就不会骄傲到不可一世的地步。

学会夸奖自己的同学

每个人都有优点，我们的同学自然也有。因此，在和同学相处的过程中，我们不应只以成绩论英雄，瞧不起其他同学，而应多观察同

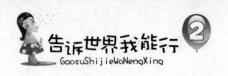
学的优点，比如谦虚、刻苦、勤劳、团结同学、热心助人等。多向其他同学学习优点，或者多夸奖同学，不仅表达了对别人的肯定和尊重，还会使我们收获更多友谊。

虚心向他人请教

不少同学自以为聪明，看不起老师，更瞧不起同学，这是很危险的。就算我们成绩很好或者体育很棒，但也总有不如别人的地方。保持一颗虚心请教的心而不自满，我们的知识才会逐渐丰富起来。

注意，向同学请教并不是丢面子的事。若我们能不懂就问，虚心请教，反而会得到同学们的喜欢。

试着接受他人的批评

骄傲时，我们最不愿意听到别人的批评，不论是父母老师的谆谆教诲还是同学们的善意提醒。其实，勇于接受他人的批评，会让我们更加了解自己的不足，改正自己的不当之处。尤其当别人指出我们骄傲时，我们应该反省一下，看看自己的言行是不是有什么不礼貌的地方。

给自己找一个强一点的竞争对手

如果我们的对手是很强大，需要很努力才有可能追赶得上，那我们也就没有时间和精力去骄傲了。因此，不妨给自己找一个成绩优异的同学或者名人作为对手，这样我们就会有了努力学习、提升自己的动力。

 父母引导 / 培养孩子谦虚好学的品质 ★

骄傲会让孩子故步自封，落后于人。因此，父母要及时地帮助孩子克服这一坏习惯。

对孩子提出更高的要求，让孩子有进步的空间

如果孩子已经很出色了，那就可以交给孩子一些有难度的任务，让孩子时刻处于一种学习、进步的环境中。帮助孩子报一些竞赛班、看高一年级的书、让他和能力更强的同学交朋友等，都可以淡化孩子的骄傲。

表扬孩子时，情感应"浓淡"适度

言过其实的表扬，或者是在夸奖孩子的时候奉上夸张的表情，会给孩子一种错误的认识——"我非常非常了不起"。久而久之，孩子就可能骄傲起来。

因此，父母在表扬孩子时，应尽量做到感情适度。孩子第一次做成了一件事，应该重点表扬，但之后只需给孩子一个微笑就好，不必次次表扬夸赞。

"你不行"，给孩子泼点凉水

孩子变骄傲，就会觉得自己什么事情都能办成，听不进长辈的劝。这时，不妨给孩子泼点冷水，让他清醒清醒。比如，拿名人的故事来教育孩子，或者拿孩子不擅长的事情来点明他还有不足，或者在孩子扬扬得意的自夸中，引导孩子反思自己的行为是否合适，等等。不要担心孩子受挫，对于骄傲的孩子来说，这时受点挫折，反而是一种有益的成长体验。

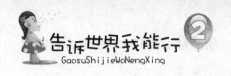

08

自私
——让别人分享我的东西实在很不爽

经典案例 ★

谁让你先吃的，讨厌！

刘渊今年刚上初一，是家里的独生子，爸爸妈妈和爷爷奶奶都很宠他。

一天中午特别热，刘渊吵闹着要吃西瓜，妈妈心疼他，就赶快到水果超市去给他买。当妈妈满头大汗地拎着西瓜走进家门时，刘渊嘟着嘴嚷嚷道："妈，你真慢，像个蜗牛似的，我都渴死了！"

妈妈听儿子这么一说，立马抱着西瓜就进厨房了。她洗净，切开西瓜，下意识地要尝尝这西瓜甜不甜。谁知，刘渊突然吼道："谁让你先吃的！真讨厌，我还没有吃呢！"妈妈目瞪口呆地站着，不敢相信那是她最疼爱的孩子说的话，眼泪一下就流了出来。

刘渊看见妈妈哭了，说："算了，我就吃第二口吧，妈，下次你不能这样了啊。"说完拿起一块西瓜就回客厅看电视去了。看着刘渊若无其事的样子，妈妈的心像被针扎了一样难受。

晚饭后，妈妈和爸爸在客厅里看电视，刘渊在屋里写作业。电视剧刚看到兴头上，刘渊突然跑出来，连招呼也不打就换到他想看的台。

"你怎么不写作业了？换到我和你妈妈刚看的那个频道，电视剧还有 5 分钟就大结局了。"爸爸对儿子说。

"不要，你们别看了，现在电视归我了。"

听到刘渊这样对爸爸讲话，再联想中午的事情，妈妈一下子就火了，严厉批评刘渊自私自利。刘渊却觉得自己很委屈："不就是我要看会儿电视吗？至于这么数落我吗？"

认识错误

身为独生子女，家里的"小皇帝"，我们享受着父母长辈的无限宠爱，吃好的、穿好的，各种要求都被满足。他们对我们的疼爱，可谓是"含在嘴里怕化了，捧在手里怕掉了"。

这种宠爱、溺爱虽然让人幸福，却对我们的成长十分不利。

比如，如果我们很小的时候，爸爸妈妈都把好吃的东西第一个拿给我们吃，那我们长大后就会产生这样一种错误的认识——任何东西，我理所当然应该第一个吃。

其实，这种总是把"我"放在第一位的想法和做法，正是自私的表现。试想一下，一个人总是很自私，不懂分享，不懂为他人着想，那就不会有同学愿意和他交朋友，甚至是没有人愿意和他坐同桌，会被全

班同学所排斥。

有时候，如果爸爸妈妈和老师过于看重我们的成绩，只要我们学习好，就不断地给我们一些特殊的权利，比如，不用上体育课、不用值日、不用参加学校的集体活动、不用做家务等。在这样优于其他同学的待遇下，我们也会变得自私。因为我们习惯了别人对我们好，习惯了自己有一些特殊的待遇，那自然就不会考虑他人的想法了。

即使这些特殊的待遇，可以促进我们的学习成绩，但是我们可能会被其他同学嫉妒。甚至，有的同学为了报复我们，还会去老师那里打我们的小报告，背地里说我们的坏话。最后，老师也可能会疏远我们，那时候，我们可就真的是孤家寡人了。

如果我们习惯了对人对事自私，我们必然会伤害朋友、家长的心。我们不懂得与他们分享，也不懂得考虑他们的感受，那他们自然会对我们失望。

 ## 改正错误／撕掉"小气鬼"的标签 ★

一个自私自利的人通常会被其他人称为"小气鬼"。贴上这个标签，我们是很难交到朋友的，所以，我们要撕掉"小气鬼"的标签，做一个大方的人。

把文具借给需要的同学使用

不少同学占有欲比较强，从来不把自己的东西借给同学，因为担心东西被借走之后就不会再回来了。其实，在学校里互借学习用品是很正常的事情。如果连这都不借，或者刚借了就马上要讨回来，难免会被贴上"小气鬼"的标签。

我们是可以把文具借给需要的同学使用的，比如橡皮、书本、字典、圆珠笔，等等。如果我们害怕他们借走东西而不还，我们也可以在借给他们的时候，和他们讲好什么时候归还。

请要好的同学到家中做客

如果我们从来都没有邀请过同学到家里做客，那我们在同学们心中一定是个小气自私的人。周末的时候，我们可以邀请几个和自己要好的同学到家中做客，并把家中的水果和自己的一些玩具与他们分享。这样，不仅可以巩固与同学们的友谊，还可以改掉自私的坏毛病，一举两得。

当然，我们还可以试着和同学交换。比如，用自己的课外书交换对方的画册。这样我们可以体会到分享的乐趣。久而久之，我们也就愿意主动与他人分享了。

把好吃的东西请爸爸妈妈一起吃

如果以前在家中你从来都喜欢吃独食，那么从今天起我们就要学着和身边的人分享。比如，在家中，当我们要吃苹果的时候，我们问妈妈一句"妈，你要吃苹果吗？"爸爸买回柚子的时候，我们不想着自己有多么爱吃，而是想想爸爸把它买回来多辛苦，吃的时候，首先让爸爸吃，等等。相信爸爸妈妈看到我们这样做，一定会很高兴，而且还会夸我们是个懂事的孩子。

和成绩差的同学分享自己的学习方法

由于成绩比较好，怕别人超过自己，不少同学不愿意帮助那些成绩差的同学。这就是一种自私的心理。为了改掉这种坏毛病，当成绩

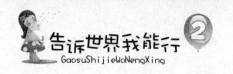
差的同学向我们请教问题的时候，我们要认真地告诉对方，或者是把自己一些好的学习方法告诉他们。这样我们既能互相学习、共同进步，还能变得大方开朗。

课外活动和同学一起做游戏

若意识到自己有些自私了，那从今天起，课外活动的时候我们就要去和同学一起打篮球、踢毽子、丢沙包，或者是和同学一起去图书馆。运动以及人际交流活动，可以让我们敞开心胸，接纳别人和外面的世界。时间久了，我们也就可以慢慢改掉自私的毛病了。

父母引导／让孩子学会分享 ★

自私，是孩子普遍存在的问题。自私的孩子往往只顾自己不考虑他人，冷漠，甚至还会做损害他人的事情。身为家长，该如何帮助孩子改掉这种坏习惯呢？怎样让孩子学会与人分享呢？

让孩子明白分享的真正意义

孩子自私，不愿意与人分享，有时候是因为他觉得分享就是失去。这时，父母可以告诉孩子，分享并不是把东西送给对方，而是和对方一起享受这件东西所带来的快乐与方便，就像和朋友分享快乐和忧伤一样。

另外，父母认真地和孩子讲一些关于分享的好处，或者是名人的故事都可以帮助孩子学会分享。

给孩子分享的机会，父母要做榜样

如果父母在老人面前就表现得比较自私，那孩子一定也会对父母自私。所以，父母平时也在家中也要做出榜样，有了好东西要先让给自己的父母。时间长了，耳濡目染，孩子就学会了与人分享。

更重要的一点，家长要给孩子分享的机会，如果孩子请你与他分享，那家长就要接受。事后，也要对孩子的这种行为做出表扬。

多带孩子去走亲戚

周末、节假日的时候，父母可以带着孩子多去亲戚家走动走动。去亲戚家时，他们自然会把好吃的和好玩的分享给你的孩子。而去亲戚家时候，你们会带礼物，这样一来一往，孩子感受到分享的好处，那他也就愿意与人分享了。

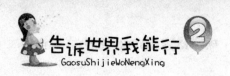

自卑

——为什么我总是比别人差一些

经典案例 ⭐

我就是很笨!

曲晓燕从小都是一个爱说爱笑、活泼可爱的女孩,是爸妈眼中的开心果。可是,上了初中之后,她整天都闷闷不乐的,总是说自己什么都不行。

一次,爸爸让她去向邻居借东西,她冷漠地看着爸爸直接说:"我不去,我借不到。"

"还没有去,怎么就说自己借不到呢?我看你是懒得动。"妈妈听到她的回答,从厨房传出一顿呵斥声。

"是我懒,那你去借好了,干吗还让我去呀。"说完,曲晓燕就跑回自己的房间。"成绩也不好,干点活也不愿意,那你想干什么呀?小时候挺乖的一个孩子,长大了反倒越来越不听话了……"曲晓燕在自己的房间里听着妈妈的唠叨，委屈得哭了，她知道妈妈越来越不喜欢她了。

可她也不知道自己怎么了？功课越来越跟不上，成绩一直排在班里最后几名。老师的批评、妈妈的呵斥，她感觉自己的压力越来越大了，也越来越不愿意说笑了。

周六的时候，曲晓燕把上星期刚考完的数学试卷递给妈妈，一个人回屋了。"曲晓燕，你给我出来。"妈妈在客厅里喊道。

曲晓燕很不情愿地从房间走出来："怎么了？妈。"

"还好意思问我怎么了？你看你数学考了多少分，你不嫌丢人吗？还好意思拿给我看，我的脸都让你给丢光了。曲晓燕，你怎么就这么笨呢……"妈妈越说越厉害。

"对，我就是笨！就是给你丢人了，可以了吧。"曲晓燕抢过妈妈手里的试卷就回屋了。她一个人坐在床边看着那份有点撕破的试卷，哭得更厉害了。

从此，曲晓燕再也没有和妈妈主动交流过，对学习也失去了兴趣。而且她越来越喜欢一个人安静地待在一个地方，完全没有一个 14 岁孩子该有的精气神儿。

 **认识错误**

我们之所以感到自卑，往往是因为很少得到鼓励、夸奖、赞美，而常常得到的是大人的责骂或者同学们的嘲讽。比如，爸爸妈妈可能骂我们笨，同学嘲笑我们长得胖，等等。

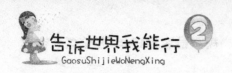
长时间生活在这些负面的评价里，我们会变得没有信心。于是，我们就常有这些想法：

班里的女生都很漂亮，而我小小的眼睛，丑死了！

别人整天在操场上打篮球，成绩也那么好。我每天都拼命地学习，成绩还这么差，我一定很笨，丢人！

那个同学的家里真有钱，身上穿名牌，还每天请同学吃雪糕，而我却连一支圆珠笔都要省着用。和他站在一起，我就是个乡巴佬儿。

我爸爸妈妈是农村的，我不愿意和城里的同学来往，他们会笑话我，甚至还会看不起我，我一个人玩挺好的。

我长得也不漂亮，成绩也不出众，老师根本就看不到，做任何事情也没有动力，就这样一天一天过吧。

……

如果我们总感觉自己什么都不行，什么都不如别人。时间长了，那我们就越来越不行，时常躲在无人的角落里，也不愿意和其他人交往，那我们就会更加自卑自闭。慢慢地，我们做事就会缩手缩脚、胆小怕事。

很多自卑的人害怕在别人面前表现自己，更不会主动地寻找机会去锻炼和发展自己，从而演变成最后的不求上进，自暴自弃。而且，我们也会因为自卑而变得敏感多疑、性格孤僻，这非常不利于我们的身心发展。

改正错误／丢掉自卑这个包袱！

不管自卑是出于我们自身原因，还是我们受了外界的影响，我们都要改掉自卑的坏习惯，给自己一缕阳光，使自己在前行的道路上有更多的勇气去面对挫折。

如果自己个子不是很高，请尽量往前坐

在班里坐座位的时候，我们都愿意坐后面的位置，因为这样自己不会"太显眼"。其实，这是我们的逃避心理在作怪。

想要改掉自卑的习惯，我们就要尽量往前坐。坐在前面能建立信心，因为敢在老师的眼皮底下学习、写作业，就需要我们有足够的勇气和胆量。时间长了，当这种行为成了习惯，自卑自然就变为自信。

和别人讲话的时候，要睁大眼睛，正视对方

眼睛是一个人心灵的窗口，眼神不仅可以折射出人的性格，透露出情感，也能传递出微妙的信息。如果我们不敢正视别人，就意味着我们自卑、胆怯、恐惧。而如果我们敢于正视对方，就等于告诉对方："我很勇敢，我很坦诚"。

所以，和同学说话的时候，我们要正视对方。因为，正视别人是积极心态的反映，是一个自信人的表现。

走路的时候，要挺胸抬头

耷拉着头，驼着背走路，显得一个人没有精气神儿，不自信。如果我们在校园里耷拉着头，佝着腰走路，同学肯定会认为我们被老师批评了；如果我们回家之后还这样，父母可能会觉得我们在学校做了错

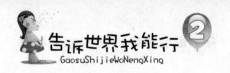

事被老师训斥了。

人在充满信心的时候，走起路来是挺胸抬头，步伐坚强有力，速度也稍快。所以，我们走路的时候，也应该做到昂首挺胸。事实上，当我们逐步形成这种行走习惯时有助于强化信心。

试着在课堂上回答问题

在全班同学面前回答老师的提问，需要我们有勇气，因为我们很有可能会回答错误，会遭到同学们的讥笑。可是，如果我们不害怕同学们的讥笑，敢于回答老师的问题，那对于我们来说，不仅学习成绩会有所提高，也是克服自卑的一个途径。

学会微笑

因为自卑，我们往往会有不知所措的时候，这个时候我们不妨什么都不说，简单的笑笑，对方也会感到我们的诚意。而且，我们更应该每天早上对自己微笑。给自己一个自信的微笑，我们就能赶跑自卑。

 ## 父母引导／帮助孩子重建自信 ★

孩子过度自卑会引发一系列的心理问题，如焦虑、抑郁、烦躁等。所以，一旦发现孩子比较自卑，家长应该及时地加以引导，帮助孩子走出自卑的阴霾。

给孩子表现自己的机会

有位心理学家说过："人与生俱来就有一种积极的自我表现的欲望，把自己的成绩、智慧展示于众人面前，赢得他人的尊重，享受精神的满足，这是学生取得成功的内在动力。"同样的，每个孩子都希望得到自己父母的肯定。所以，如果想让自己的孩子多点自信，少点自卑，就多给孩子一些表现的机会。

不要在别人面前批评自己的孩子

孩子和大人一样都是很爱面子的，如果家长总是当着所有人的面批评自己的孩子，他们得不到父母的肯定，得不到周围人的认同，自然就会自卑了。所以，家长要尽量避免在公众场所批评孩子。

如果孩子真的犯错了，请关上门，私下里批评他们。这样是对他们的尊重，也是对他们爱的一种表现。

当然，无论是哪一种批评，都不应该伤害孩子的自尊心，不应使用粗暴的、带歧视或侮辱性的言辞。

让孩子看一些名人传记或励志书籍

孩子会自卑，有时候也是因为他们知识贫乏，狭隘地认为自己不行，就一定不会成功。面对这样的孩子，家长可以多让孩子看一些励志的书籍，改变孩子原有的想法。比如，高尔基的《在人间》《我的大学》等等。

名人战胜困难的故事可以激励孩子奋发图强，敢于面对困难，从而战胜了自卑的心理，这也是一种榜样作用。

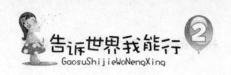

自恋
——我觉得我在班里长的最好看

经典案例

★

一个自恋初三学生的作文 《我》

山无棱，天地合，才敢不要帅？

本人姓率名帅，帅得惊动党中央，连毛主席都表扬我帅！我每天需要做的事情，就是保持最帅。别人的帅是装的，酷是扮的，而我的帅绝对是纯天然的。在学校长得帅不是我的错，喜欢我就是你的错了。

有次在街上，一美女问我："你觉得你帅吗？"

我回答："不帅！"

那位美女鄙视地看着我说："不就是帅吗？有什么了不起的，虚伪！"

看着美女远走的背影，我才发现：原来帅也是我的错。

过了一段时间，又有一哥们儿拦住问我："小子，你觉得你帅吗？"

我记住了上次的教训，点头哈腰说："帅！"那哥们儿狠狠地给我了一拳说："帅，还这么猖狂。"

晚上回家的时候，表妹拉着我说："表哥，你觉得你自己帅吗？"有了那两次的教训，我撇下表妹就回屋了。接着我就听到表妹向我妈告状："舅妈，你看表哥帅得都不理我了，不就是帅吗？"

因为太帅了，我想过毁容。

因为太帅了，我不敢上街。

因为太帅了，我不愿意和别人说话。

初一的时候，有个女孩追我时说："你的帅让我看到了希望，看到了阳光。如果你不在这个世界上了，那我就再也看不到帅哥了。因为有你，我才知道什么叫帅，因为有你，我才知道什么叫帅得没天理。"

曾经有一个机会放在我面前，我没有珍惜，等到我失去它的时候，我才后悔莫及。如果上天再给我一次机会，我一定要说三个字——我很帅！如果非要加上一个数量，我希望是一万遍。

 **认识错误**

自恋是一种过分自信自满的心理状态，是一种强烈渴望得到赞美的表现。我们每个人都会有自恋的心理，都可能曾对别人的否定不屑一顾，不可一世地说："我就是最棒的！"

我们这个年纪，有点自恋是好的，因为我们可以发现自己的优点，不会自卑。可是，如果我们过度自恋，那就不可取了。

现在，让我们来做一个简单的测试。题目如下：

1. 没事的时候，喜欢在家中穿各式各样的衣服，走来走去。

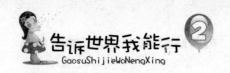
2. 无论是在家中还是在学校，都不由自主地喜欢指使别人，让别人为自己服务。

3. 喜欢在众人面前夸耀自己，希望得到别人的关注。

4. 面对别人的批评很反感，常常感到羞耻和愤怒，尽管当时不表露出来。

5. 一直都幻想自己是某部电视剧里的女主角，总会认为王子一定会来拯救自己。

6. 对于比自己丑陋的人，鄙视、讥笑。

7. 觉得自己没有义务帮助别人。

8. 事事觉得自己做的才是最完美的。

9. 经常对同学说："你们不行！"

10. 房间里贴满了自己的照片。

如果以上十条，其中有五条我们都感同身受，那我们就有严重的自恋心理了，而这必然会影响到我们的人际交往和学习进步。

因为有时候，我们为了得到他人的赞美和肯定，会不惜做足表面功夫，比如，穿很花哨的衣服、染不适合我们中学生的头发、上课的时候照小镜子等。甚至，我们可能为了求得"天下谁人不识君"的知名度，还会冒险做一些傻事，走向自恋的另一个极端——自毁、自虐。

有时候，我们过于自恋，也会失去方向感，感到很迷茫。过于感觉自己是最好的，那我们就无法看清自己前面的路，容易误入歧途。

而且，自恋的人一般比较容易患抑郁症。我们感觉自己是最好的，但别人不会这样认为，没有人赏识我们，我们做多少努力都是徒劳。长时间处于这种状态，我们会愤懑、郁闷。

总之，人可以有点自恋，这是自信的表现。但是过度自恋是不可取的，对我们的身心有害。

 ## 改正错误 / 赶走我们不可一世的自恋 ★

现实中，我们只有学会正确地认识自己、认识他人，才会使我们走得更远，才会让我们拥有一个好人缘，那我们该怎么做呢？

不要再到镜子前面去欣赏自己

我们想要改掉自恋的坏习惯，那我们就要学会漠视自己。可能我们的容貌比较出众，常常以此为荣，不断地在镜子面前欣赏自己。久而久之，就会强化自己的自恋倾向。

所以，我们除去洗漱的时间，没有必要在镜子前一遍一遍地看自己，多做点其他有意义的事情会更好。

和自己说"其实，你没有那么漂亮，没那么帅！"

有时候，在同学、朋友面前，我们会不由自主地说出"我觉得还是我好看""当然是我帅了"等话。如果我们曾这样说过，那我们就要常常对自己说："其实，我也不漂亮，一般般而已。""我没有王力宏帅。"慢慢我们就可以改掉爱在别人面前夸耀自己外表的习惯了。

做人低调一点

最近网上很流行这样一句话："低调做人，高调做事"。对于我们来说，也是一样的。我们要学会做人低调一点。尤其是在同学面前，尽量不要自夸，也不要自吹，这样不仅给同学们的印象不好，对自己来说也是不好的，容易自大。

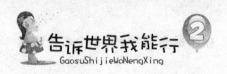
淡化自己的优势，转移到其他的地方去

如果我们自我感觉良好，那我们就需要转移一下自己的注意力，不要把眼光总是放在自己的优势上，这样也可以避免我们有自恋的心理。

也就是说，如果我们长相太有优势了，那我们就把自己的精力转移到学习上去；如果我们的成绩太好了，那我们就把精力转移到体育运动上去；如果我们的体育活动也强，那我们不妨把精力转移到学习课外知识上去。

多花点时间在学习上

我们是学生，以完成学业为重，应该多一点时间在学习上，而不是在对自己的过度欣赏上面。学习知识是无穷尽的。如果我们发现自己太爱在别人面前表现自己，那我们利用表现自己的时间，多去几次图书馆。即使不想额外地给自己压力，那就多去运动运动。

父母引导 / 帮助孩子正确认识自己，克服自恋心理 ★

孩子盲目自恋，往往会分不清事情的好坏，过度关注自己，把自己看得太重，这样也不利于孩子的成长。而且，孩子陷入自恋，不愿意听从他人的批评和意见，最后很可能会走上错误危险的路途。所以，当家长发现孩子有了自恋倾向时，一定要及时地予以纠正，帮助孩子正确认识自己。

平时多和孩子沟通

家长要多和孩子进行交流，尽量满足他们的谈话需求，在谈话的过程中营造轻松、自然的谈话气氛，让孩子愿意对你畅所欲言。这样才可以及时发现孩子自恋的倾向，有助于家长予以及时纠正。如果孩子这时有一些敏感的需求，家长一定要慎重考虑。

必要时，要打击一下孩子

"妈，我穿这件衣服是不是很漂亮啊?"如果孩子换了这件换那件，不停地询问你。这时，我们就可以对孩子说："哪件都一样，都是一件衣服，差不多，再说你就那个样子，穿上再好看的衣服也都一个样。"

不仅在穿着打扮的问题上要稍微地打击孩子，学习上也是同样的，适当打击打击孩子的自恋举动，对孩子的成长更有帮助。

不要把家庭的注意焦点放在孩子身上

父母以及家里的长辈都不能把注意力完全集中在孩子一个人身上，全家大小都围着孩子转，对孩子溺爱多了，也容易使孩子变得自恋。

家长们一定要把孩子当成家庭中普通的一员来对待，不搞特殊化，这样才有利于孩子正确地认识自己，尊重别人。

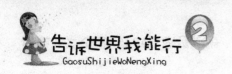

自虐

——折磨一下自己就感觉解脱了很多似的

 经典案例   ★

和父母吵完架之后，就想用刀割自己的胳膊

15 岁的许洁是初二的学生，学习成绩很优秀，平时也很乖。可是，从初二后半学期开始她就喜欢上了用刀割自己胳膊的快感。

一次，许洁给班里的男同学过生日，因为回家晚了，被妈妈狠狠地数落了一顿。那天，许洁第一次和妈妈顶嘴，妈妈随手拿起身边的遥控器扔向了她。看到妈妈这样不可理喻，许洁撒腿就跑。

她跑到了离家最近的一个公园里，坐在草坪上，一边想着心事，一边用刀片划自己的胳膊。一刀一刀，血慢慢地渗出来，而许洁却笑了。

后来，许洁在日记里这样写道：我感觉父母越来越俗了，我对他们的言行很反感。每次举起刀的一刹那，我都可以听到自己的心在无声呐喊！划在胳膊上，疼的却是我的心。可是，我很喜欢那种释放后的快感。

　　我每天都生活得很压抑，不停地穿梭在学校和家之间，我很累！每次我有不想读书的想法时，父母总会对我说："好好读书，以后就不用这么辛苦了。"这句话我一点都不信，这个说法太荒谬了，现在的大学生都未必能找份好工作，每天读一些无聊的课本有什么用呢？

　　我很压抑，我想和父母沟通，可是我讨厌他们说我"你还小，不懂事"。也许这个世界上，没有人能理解我，除了我自己。

我想让你们知道，我存在过！

　　杨阳在日记中写道：

　　上了初中之后，我就变成了一个孤独的人，在老师和同学们的眼里，我是一个不合群的人。所以，无论是孤独还是快乐，都是我自己一个人的。

　　我的父母都很忙，他们没有时间管我。每次吃饭的时候，他们总是不停地告诉我该做什么，却从来都没有告诉我为什么要这么做。我就如沙漠里的一粒沙子，没有人懂我，没有人疼我。14 岁见过爸爸抽烟之后，我喜欢上了那种感觉，虽然我不会抽烟，可是我喜欢夹着烟沉思的那种感觉。

　　有一次，我输了篮球比赛，很难过，就拿着烟头烫自己的胳膊，虽然很疼，但是我却觉得很刺激，疼痛让我感觉到我还活着。从此，我就喜欢上了这种解脱的方式。

　　有时候，我会想自己为什么会这样自暴自弃？想到父母冷漠的表情，还有周日空空的房间，我想：也许我只是为了证明我自己的存在吧！

 **认识错误** ★

上了初中之后，我们就会变得越来越敏感，并且会怀疑身边的一切事物。每次看到父母一副不理解的表情，我们会非常生气。如果父母一直都"专制独裁"，根本说不通，时间久了我们就不愿意和父母再沟通了。每次感到很压抑的时候，我们选择了用另外一种方式发泄——伤害自己。

也许我们并不愿意这样做，只是找不到更好的发泄方式，考试的失败、父母的误解、同学的看不起，都会使我们产生一系列负面的情绪。当这些负面的情绪积压到一块的时候，我们就需要发泄。由于我们的认识有限，想法过于单纯，发泄情绪时往往也最容易走极端。

如果我们生活在有家庭暴力或父母离异的家庭里，我们很容易有自虐的行为。压抑的家庭环境会导致我们的性格趋于内向，不愿意和他人交流，拒绝父母的关爱，以至于压抑的时候没有倾诉的对象。最后，只能通过伤害自己的方式来释放压力。

有时候，我们会因为见到过别人自虐的行为，或者在网上浏览过自虐的各种图片、信息，感觉到新鲜和刺激。当自己遇到不如意的事情时，我们可能会试着伤害自己，体验到了快感之后，我们也会慢慢地喜欢上那种感觉，慢慢地就养成了自虐的习惯。

实际上，自虐只能够解一时的痛苦，却不能从根本上解决问题。与此同时，这种方式给我们带来的伤害是巨大的。比如：

1. 使我们的身体伤痕累累，甚至有时候，我们还会有轻生的举动；

2. 越来越孤僻，不愿意与任何人接触，最后容易走向自我封闭；

3. 身边没有朋友，对人对事冷漠；

4. 自己很难被他人接受，长时间的自虐，也会使我们以后的婚姻、工作成为难题；

5. 自己长时间处于痛苦中，越痛苦越自虐，越自虐越痛苦，这样的恶性循环也会使我们走向犯罪的道路。

 ## 改正错误／从今天起，学会爱惜自己 ★

自虐会使我们的身心受到伤害，所以，我们要学会爱惜自己，保护自己，让自己健康快乐地成长。

心情不好的时候，用大声的呐喊和放风筝代替烟头的烫伤

不要再用烟头烫伤自己，傻傻地认为这样自己才可以解脱。那是对自己的伤害，不是好的发泄负面情绪的方式。如果我们感觉自己很压抑，心情很不爽，那就找个地方大喊几声。大声呐喊，把自己心中不痛快的事情都喊出来，这样自己的心里会舒服很多。

另外，当心情压抑的时候，我们就去放风筝吧！看着风筝飞上高空，我们的心情也会好很多，对这个世界也会有一个不一样的看法。重要的是，我们可以释放自己不良的情绪，收获快乐。

和父母吵完架之后，试着用小字条沟通，不要再划自己的手臂了

无论怎么样，爸爸妈妈都是最爱我们的人。虽然他们不理解我们的做法，但他们的出发点都是为了我们好。如果我们用自虐的方式来发泄自己的情绪，父母知道后会更着急、更难过。

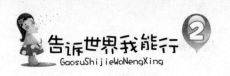
所以，因为意见不同而和父母吵架了，请不要再用小刀划自己的手臂，狠心地和父母对抗了。我们换种表达方式和父母沟通，或许也能够得到他们的理解与支持，比如，把自己的想法写在小字条上，留给父母。

多和父母、老师、同学沟通，获得他们的理解与支持

有时候，并不是身边的人不理解我们，而是他们根本不知道我们内心的想法。所以，我们也要多和他们谈谈自己的想法。

比如，期末成绩没有考好，那我们就可以主动和老师说一下自己的想法和情况，从而获得老师的理解；如果我们被父母误会了，我们要心平气和地与父母好好谈谈，说说自己的看法，听听父母的意见。

 ## 父母引导／让孩子学会自爱，远离自虐 ★

孩子喜欢自虐，这是他缺少爱、缺少理解的一种表现。一旦发现孩子有自虐行为，家长一定要多多关注孩子。

无论多忙，一周都要抽出点时间陪陪孩子

说句实在的，家长无论做什么都是为了给孩子的以后打基础，都希望孩子过得比自己好。可是，如果父母只是为了满足孩子的物质需要，每天都奔波在职场上，那你给孩子的永远都是一堆"纸"，而不是爱。

孩子进入青春期后，最需要的是爱和理解。一旦得不到爱和理解，敏感的他们就容易走极端。所以，无论大人多忙都要抽点时间陪陪孩子，哪怕每天晚上5分钟的谈话，都可以让孩子感受到父母的爱。

注意，和孩子聊天要全神贯注，不要表面上和孩子聊着，心里想

的却是工作，大人的不专心，孩子很容易发现，这会让他更叛逆。聊天话题应该选择孩子感兴趣的，比如运动、电视剧或者同学朋友间的趣事，等等。

不要打骂孩子

每个孩子都会犯错误，但重要的不是批评孩子，而是帮助孩子改正错误，走上健康成长的轨道。所以，如果孩子犯了错误，请不要再打骂他们了，这样容易使他们叛逆，也极容易促使他们走向自虐。

正确的方法是当孩子犯错误之后，家长应该心平气和地同孩子谈一次话，认真地听听他们的理由，然后再指出孩子错在哪里，这样孩子会比较容易接受。因为他们已经不是两三岁的小孩了，他们是可以明辨是非的，只不过需要家长提示一下而已。

即使很累，也要听孩子把苦诉完

孩子在学校被欺负了，被同学冤枉了，都喜欢回家和爸爸妈妈说一说，这时很多父母因为工作忙了一天，觉得孩子间闹别扭是很正常的，于是就匆忙地打断孩子的话，回屋睡觉去了。如果父母一直都不给孩子向自己倾诉的机会，那孩子慢慢地就什么事情都不愿意对父母讲了。当孩子非常苦闷找不到发泄的方式时，他们就想到了自虐。

所以，父母一定要给孩子向自己诉苦的机会，也要耐心地听孩子把话讲完，并且试着去开导孩子。

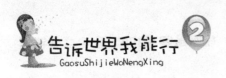

12

狡辩
——凭什么是我错了，明明就是他的不对

经典案例 ★

妈妈，球是无辜的！

贾妈妈觉得自己的儿子贾羽越来越不听话，越来越喜欢辩解了。

周一，贾妈妈回家看见儿子在家打篮球，便随口问道："你写完作业了吗？"

"早写完了。"贾羽冷冷地说，然后继续玩着自己的篮球，看都没有看妈妈一眼。妈妈白了他一眼后，放下包去厨房做饭了。

没过5分钟，只听到"啪"的一声响，然后接着就听见有人开门下楼去了。妈妈好奇地从厨房走出来，发现阳台上的玻璃碎了。贾妈妈站在客厅看着儿子抱着篮球若无其事地走进来，气就不打一处来。

"贾羽，这玻璃是怎么回事？"妈妈指着满地的玻璃碴问他。

"哦，风太大了，可能把玻璃刮碎了吧。"贾羽一副无辜的表情。

"是吗？今天好像没有风吧，儿子。"妈妈听他这样撒谎有点生气了，接着问："你下楼干什么去了？"

贾羽看了看妈妈如实地说："捡篮球去了！"

"为什么打碎玻璃？咱能不能不在家打篮球呀。"

"不是我打碎的，是篮球。"贾羽小声地嘟囔着。"是篮球打碎的是吧，不是你对吗？"贾羽点了点，贾妈妈抢过他的篮球就要往楼下扔，贾羽死死地抱住篮球说："妈，篮球是无辜的，你应该去找篮球生产商理论。关我和篮球什么事，您怎么一点都不讲理啊？"

听儿子这样狡辩，贾妈妈气得也不知道该说什么了。

 ## 认识错误

每当家长夸我们"越来越会说了，死的都能说成活的了"，我们从心里都会感到很高兴。即使有时候我们自己也知道这并不是一句表扬的话，可我们还是认为能说能辩是自己的一个优点。

的确，能说会道是件值得骄傲的事情，别人批评我们的时候，我们有权为自己辩解。可是，我们过度为自己的错误行为开脱，那就是狡辩，就是强词夺理。

我们都希望自己在家长、老师心中是最完美的，希望获得他们的肯定与赞赏。所以，当犯了错误时，不少同学害怕丢了面子，不愿意接受老师、家长的批评与惩罚。即使明白是自己的错误，我们也会为自己狡辩，不愿意轻易承认错误。狡辩就如同我们下意识、被动自我保护的一种行为。

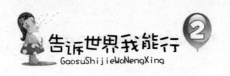
为自己的错误行为而狡辩，这对我们的成长都是不利的。如果真的是我们做错了事情，我们一味地为自己开脱，与他人狡辩，那我们就失去了认识错误、改正错误的机会，甚至以后还会犯同样的错误，以至于我们无法取得进步。

当我们与他人狡辩的时候，别人一定会觉得我们是一个强词夺理的人，认为我们不可理喻，而不愿意和我们交往。慢慢地我们就会被他人孤立，没有朋友。

事事都喜欢辩解，不肯承认自己的错误，会使我们听不进他人的意见和建议，致使我们越来越固执。这样我们就会很容易伤害到那些关爱我们的人。

改正错误／
试着主动承认我们的错误，不做固执的孩子 ★

古人说，知错就改，善莫大焉。那我们如何做到敢于承认错误，不狡辩逃避罪责呢？

做错了事情，先不要为自己找借口

做错了事情之后，我们总是习惯给自己的错误找借口。当我们以这样的借口获得了他人的原谅时，以后犯了错，我们就会不断地为自己找借口，慢慢地就演变成了狡辩。

所以，当别人批评我们的时候，我们先不要急着为自己找借口，而应好好地反省一下自己。

告诉自己：一人做事一人当

有时候为了表明自己无辜而把责任推到他人身上，常常会说："是他让我这样做的。""都是他的错，如果他不说，我就不会去做。"

其实，我们应该明白，我们已经不是小孩子了。做事的时候，我们应该有"一人做事一人当"的勇气与担当。如果我们平时常常告诉自己"一人做事一人当"，慢慢地，我们也就不会为了躲避错误而狡辩了。

比狡辩更重要的是弄清自己错在哪里

如果我们一直为自己辩解，那我们永远都不知道自己错在哪里，我们就不会有进步。所以，当犯错误之后，我们自己要清楚自己错哪里。倘若我们不知道，我们就应该虚心听从他人的教诲。这是促使我们进步的一种很好的方式。

"对不起，我错了！"

如果不想因为批评而丢失面子，那就主动承认错误，这样才不会使自己没面子。如果我们能够在做错了事情的时候，主动说"对不起，我错了"，那对方也一定不会为难我们。

 ## 父母引导／培养孩子主动承认错误的好品质 ★

孩子喜欢狡辩，往往是让家长最头疼的，也是最无可奈何的。很多家长都感慨：孩子一夜之间就变样了，狡辩、顶撞。其实，孩子并不是在一瞬间变成这样，而是长时间形成的。所以，平时教育孩子，家长一定要注意方式、方法。

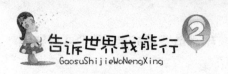

孩子犯了错误，家长不要急着指责，多听听孩子说的话

孩子犯错的时候，家长不要一生气就劈头盖脸地指责孩子。如果每次孩子犯了错误，就不停地指责孩子，从来都不听孩子解释，孩子就很容易叛逆，喜欢狡辩。家长要耐着性子听孩子把理由讲完，然后再告诉孩子错在哪里，这样孩子才比较容易接受。

弄清楚事情的原委，不要冤枉孩子

如果家长曾经冤枉过孩子，孩子就不愿意主动承认错误了。面对批评开始找借口，最后演变成了狡辩。所以，在没有弄清楚事情的真相之前，不要对孩子妄下定论。这是对孩子的尊重。

如果真的冤枉了孩子，父母不要为了面子而不向孩子认错，甚至为自己的错误找借口。这不是同孩子狡辩一样了吗？

告诉孩子："对不起，我冤枉了你，请你原谅。"这样的道歉不仅表现了对孩子的尊重，也是以身作则，认错改错，为孩子树立了榜样。

善待孩子的错误

每个人都会犯错误，孩子也不例外。因此孩子犯错误了，家长大可不必大惊小怪地死抓着孩子的错误不放。如果孩子能够及时地改正错误，那就是好的。我们要给孩子犯错的权利，同时也要善待孩子的错误。这样孩子才会甘愿在家长面前承认错误，不会事事强作狡辩。

羞怯
——总是不敢面对陌生人和公开发言

 经典案例

★

听到他们的讥笑,我脸红了!

天晴是个内向不爱说话的女生,个子很高,但是脸上却有很多斑点,这也是她不爱和别人说话的原因。

一天,天晴走进教室,发现教室里只有她和另外两个男生。她很不自然地坐在自己的位置上,还没有把书拿出来,就听到那两位男生小声地说:"我们班的麻雀公主来得还真早。"

"是啊,其实她身材挺好的,就是满脸都是麻子。"

"要不是这样,她也不会是我们班的麻雀公主呀,呵呵。"

"小点声,被她听到,告到老师那里去,怎么办。"

天晴听到他们这样说后,又生气,又羞愧。

语文课时,老师让天晴站起来读一段古文。她刚站起来,就看见早

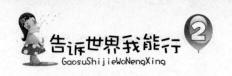

上讥笑自己的那两个男生，脸一下子就红了。想着全班还有那么多双眼睛看着自己，她心里就慌了。

因为太紧张，一段古文天晴结结巴巴地读了 15 分钟才读完。老师在讲台上瞅了她一眼，冷冷地说："坐下吧。"就在她坐下的那一刻，她清楚地听见了同学低低的笑声，还有议论的话，那一节课她恨不得找个地缝钻进去。

从此，天晴看见男生就紧张。在校园里的时候，她总是觉得有人在背后议论她，对她指指点点。慢慢地天晴连人多的地方都不敢去了，看到陌生人就莫名脸红。因此，她走路从来都是低着头，也不愿意与他人说话。

天晴在日记里说："不漂亮的我，拥有一份自由，即使你们都不喜欢我，那我就卑微地活在自己的世界里吧。"

 ## 认识错误 ★

上课时，即使我们会，也不敢主动举手发言；老师叫我们回答问题时，就脸红、手足出汗、有的甚至声音有些发颤；课后，即便有不懂的问题我们也从不敢找老师问；当老师委以重任时，总感到自己不行，想方设法推辞；和比自己强的同学说话，结结巴巴的，有时候还会前言不搭后语；在公共场合不敢大声说话，感到自己不如别人……

与人交往的时候，我们若常常有这样的感觉，那我们就是过分羞怯了。适度的羞怯是每个人的正常反应，反映了一个人的修养。但是，如果过分羞怯，那就是不利于我们发展的。

我们之所以过分羞怯，可能是以下三个原因造成的：

1. 父母经常对我们打骂、责备，或者是父母在我们初中的时候离异了，我们遭受到打击之后，因为缺乏依靠、缺乏交流和亲情的抚爱，我们就会有一种低人一等的感觉，慢慢形成了羞怯自卑。

2. 因为成绩不好，我们经常受到老师和同学的批评、责备。在担心出错，害怕为班级拖后腿的忧虑下，我们慢慢地不愿意与人交往，以一种退缩的方式保护自己受伤的心灵。长时间得不到他人的肯定，我们也容易变得过分羞怯。

3. 如果我们在童年里曾被人欺负、打骂、耻笑，心理受过重大的刺激，也会使我们羞怯。

事实上，如果我们过分羞怯的话，常会自觉不自觉地拿自己的短处与别人的长处进行比较，并愿意接受别人对自己的低评价。比如，我们不会承认别人对我们的赞美，却总会把别人嘲讽的话记在心里。一个在唱歌方面有天分却被同学讥笑长得很胖的学生可能不敢参加学校举行的歌唱比赛，因为他（她）担心当自己站在台上时会遭到更多人的讥笑。

另外，若过分羞怯，我们总是会过分注重自己的挫折体验，哪怕是一次挫折就可使我们产生"我不行"的心理感受。这种消极的自我暗示会深入内心，并不断膨胀。这样的话，我们就会丧失奋斗的勇气和自信心。

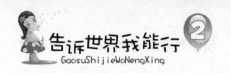

改正错误／跟羞怯说拜拜 ★

怕羞的心理一般会随着年龄增长和交往增多而逐渐减轻。可是如果我们长时间都不敢与人接触和交往，就会变成一种病态心理。那我们该怎么做呢？

向卡耐基和萧伯纳学习

我们可以阅读一些名人克服羞怯心理的故事。比如，卡耐基和萧伯纳，他们一度都是非常害羞的人，经过自己的努力之后，他们不仅成功地克服了羞怯心理，还取得了成功。通过这些典型案例的学习，我们会逐步地克服羞怯心理。

相信自己

我们要对自己有充分的信心，别人能够侃侃而谈，我们也可以。我们并不是天生说话脸红的人，只不过是被一些因素影响了而已。所以，当我们在课堂上回答问题的时候，我们就要在心里告诉自己"我能行！"

这样的积极暗示是很有用的。如果每天都对自己进行鼓励和暗示，我们的内心就会有自信。

强迫自己做讲话练习

如果我们因为羞怯，不愿意在众人面前说话，那我们越不说就越胆怯。所以，我们可以每天在自己的卧室里或者站在窗前讲一段话。这样在与别人说话的时候，我们就不会出现结巴的现象了。

有时候，我们可以找自己信赖的人，向他们倾诉自己的烦恼，或者是多和他们交流交流，这也是克服羞怯的一个方法。

说话前，试着先做一个深呼吸

如果在说话之前感到紧张，我们可以试着做一个深呼吸，然后笑着和对方说，尽量不要去想对方的看法，只要做好自己就可以了。让自己处于一个松弛的状态，忘记压力和担忧会让交流进行得更顺畅。

学会与各种各样的人打交道

我们不要只限于同个别要好的同学交往，或者只在一个小的交际圈内活动。这样当我们遇见陌生人的时候，我们必然要羞怯。可以试着和其他班级、其他年级的同学交往，扩大自己的交际圈。

养成向老师、校长以及其他领导问好的习惯。和爸爸妈妈出门的时候，遇到饭店的店员或者麦当劳的服务生，我们可以适当和他们说说话。

坐着的全是"萝卜白菜"

无论是发言也好，还是回答问题也好，站起来的时候，就告诉自己，下面坐着的都是"萝卜白菜"。然后不要听他们的议论和批评，专心做我们该做的事情就好了，这是最实用的一招。

 父母引导/培养孩子大方做人和事的好性格 ★

孩子羞怯，不敢与陌生人说话，不仅对孩子的危害大，家长有时候也会感到脸上无光。对于孩子的过分害羞，有的家长也呵斥过、教训过，可是孩子还是依然如初，那家长该怎么做呢？

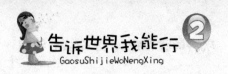

告诉孩子"你能行！"

帮助克服羞怯心理，首先就应该让孩子拥有一份自信。面对一些困难的时候，怯懦的孩子常常会问家长"我能行吗？"这时，你一定要肯定地对孩子说："你能行！"

找各种机会对孩子进行鼓励，孩子自然就不羞怯了。

带着孩子多出去走走

有时候，孩子羞怯是因为他们没有社交机会，人际交往匮乏。身为家长，我们理应多带着孩子出去走走。比如，带孩子到亲友家中，让他们接触更多的人。当然，对于一个羞怯的孩子来说，这个过程家长要放慢了，开始的时候应该带着孩子去比较熟悉的亲友家去。

要鼓励孩子多交朋友

伙伴对于孩子的健康成长不可或缺，伙伴关系可以让孩子更加乐观合群。家长应鼓励自己的孩子多结交一些朋友。如果孩子本身不愿意交朋友，那家长也可以让比较熟悉的孩子与他一起玩，克服他因羞怯而产生的恐惧心理，然后再鼓励他在同学中交朋友。

当孩子带朋友回家的时候，家长应该热情一点，给他们提供水果和饮料，让他们在一个独立的空间里玩耍，并欢迎孩子们再次来玩。

敏感
——我总会对别人的言行有很多想法

经典案例

他肯冒雨送我回家，一定是喜欢我了！

16岁的初三的学生梁梦琪，是各科老师公认的好学生。她漂亮、成绩好、文静、待人亲和，同学们都愿意和她交朋友。

一天，梁梦琪在人民广场遇见了班里的一位男生。出于同学之间的友谊，这位男生请梁梦琪吃了一顿肯德基。等他们吃完肯德基要回家的时候，外面下起了雨。那位男同学冒着雨买了一把雨伞，把梁梦琪送回了家。回家后，梁梦琪躺在自己的床上，回想今天所发生的事情，想着想着她就笑了。

第二天上学的时候，在路上遇见了那位男生。"你昨天回去没有生病吧？"那位男生关心地问。"没有，谢谢。"不知为什么，听到他的问话，梁梦琪脸红了。以后，梁梦琪总感觉那位男生对她有意思，而

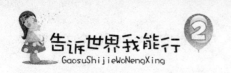
她也感觉那位男生很不错。

又是一个下雨天，梁梦琪在日记中这样写道：下雨了，想念他冒雨送我回家的场景，这是我们所谓的爱吗？

梁梦琪就这样一直处于自己编织的"爱情"泥潭中，成绩也开始走下坡路了。

认识错误 ★

虽然善于观察和思考别人的言行，能促进我们了解别人和认识这个五彩缤纷的世界。但是，如果我们对别人的言行太过于敏感，也会使自己很痛苦。

现在，我们从电视剧中、电影中、录像、书籍中过早地接触到"情感"的信息。当身边的异性帮助我们时，我们就会对他们的言行举止过分敏感，错把好意当作是对自己的"倾心"，从而对异性产生了"爱意"。如果我们过分沉浸在这份"爱意"中，就会直接影响到我们的学习，当"爱意"消失的时候，我们可能冲动地做出一些错事。

进入青春期之后，我们对自己体貌的好与坏有了一个明确的认识。如果我们自身有一些缺陷，也会使我们对周围的人和事表现得过于敏感。比如，个子矮、头发稀少、眉毛淡而短、嘴唇厚等等，倘若曾经被其他人以此嘲笑过，那我们就会更在意别人对我们的看法。

基于对人和事的过于敏感，我们常会根据一些只言片语浮想联翩，正如俗话说的那样"说者无意，听者有心"。如果我们对别人的言行总是抱怀疑的态度，时间久了，非常不利于我们与老师、同学们的相处。

有时候，我们会因为老师的一句"你这个孩子没救了"而放弃继续学习的机会，也会因为同学的一个鄙视的眼神而对其进行报复。这种过度敏感引发了心理的阴暗面，很容易让我们行为有偏差。所以，我们要克服自己这种过于敏感的心理。

 ## 改正错误／学会为自己"脱敏" ★

过于敏感，会伤人伤己，那我们该怎么做才能克服这种心理呢？

不要把自己的敏感看得太重

事情并没有我们想象得那么严重，对于他人的一些言行，我们胡思乱想也是很正常的现象。如果我们一直都觉得自己太敏感了，那我们最后就可能会变得越来越敏感。

所以，当我们已经敏感地分析了一件事情后，我们就不要在事后对其他人诉说自己的敏感了。因为这样会强化我们的敏感心理。

试着记录自己觉得过于敏感的事情

如果觉得自己太过于敏感了，我们可以准备一个本子，把那些自己认为过于敏感的事情记录下来，然后过一段时间后再来分析一下。若发现事情只是自己当时想太多了，那我们可以冷静地找到原因，有针对性地克服。

不要对于那些小事斤斤计较

在学习和交往中，难免会出现一些不好的事情和矛盾。如果我们对其太过于敏感，就是被事情"牵着鼻子走"而自寻烦恼。所以，事情发生之后，就让它过去吧，不去计较反而会显得我们很有气量。

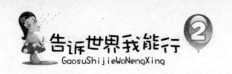
 ## 父母引导／帮助孩子走出过度敏感的泥沼 ★

孩子太过于敏感，家长往往束手无策。到底应该怎么做才能让孩子不胡思乱想呢？

平时多关怀孩子

敏感的孩子在情感上比其他孩子要脆弱很多，即使身边人一个不经意的动作和眼神都有可能会伤害到他们。所以父母要多关怀和理解他们，尽可能地减少他们情感受伤的概率。而且父母应该从细微的表现入手，发掘孩子坚强的一面，并对其进行鼓励。

多表扬、少批评敏感的孩子

敏感的孩子自尊心非常强烈，因此父母要尽量满足孩子的自尊，肯定认可他们。父母对他们要多表扬少批评，虽然也许他们并不优秀，但至少他们努力着，这就是值得肯定的一点。

和敏感的孩子培养好感情

父母平时一定要多和敏感的孩子谈心，用平等的朋友关系与他们交流。也许，刚开始的时候会很难，但是时间长了孩子就会愿意主动与你交流了。之后，慢慢用朋友的语气调侃他几句，也是可以帮助孩子克服敏感的。

多疑
——那谁谁是不是又在说我的坏话

经典案例

语文老师说我坏话，我不喜欢上她的课！

刚升初一的徐饶是个很帅气的男孩子，他非常在乎自己在别人心中的看法，对事物也总要求完美。

虽然徐饶各方面都很优秀，但他的身上却有一个"瑕疵"——狐臭。一天，语文老师在辅导他们作文的时候，走到徐饶的课桌前随口说了一句："什么味道？"徐饶脸一下子就红了。下课后，他一个人在班门口想事情，他越想越觉得语文老师知道了他的狐臭，并且还会告诉其他老师。这样一想，徐饶就觉得很不安。

下午，徐饶去办公室交作业，看到语文老师正在和自己的班主任说笑，他很不自然地进去把作业交给老师，然后就匆匆地离开了办公室。

此后，语文课上，徐饶就没有认真听讲过，并且还找各种理由拒绝

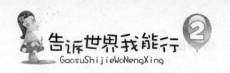

上语文课。当班主任询问他为什么时，他很直白地和老师说："我觉得语文老师看不起我，而且还在别的老师面前说我坏话。"不管老师怎样对他解释，徐饶都觉得事情就是他想的那样。

 ## 认识错误

日常生活中，凡事有自己的想法，会对别人的言语质疑这是好的现象。可是，如果我们过度怀疑别人的动机，并不断地往坏处想，那就是我们太多疑了。

不少同学之所以多疑，往往原因很多：

1. 我们总是感觉自己在某些方面不如别人，但是自尊心又过强。因此，我们会产生极强的自卫意识，这样不仅听不进别人的一点批评意见，还会对别人善意的告诫视为攻击。所以，我们总是以为别人在议论自己、算计自己、看不起自己。

2. 我们过分地希望事事都能得到别人的赞同。然而，事实却常常会不尽如人意。我们在感觉到失望与不满时，也会对别人的动机产生怀疑。时间久了，也就总感觉别人在背地里说自己的坏话，嘲笑自己。

3. 如果我们天性害羞、胆怯，或是受到父母的言传身教，那我们也极容易变得敏感多疑。

4. 当我们在一个父母不和或者单亲家庭中成长时，我们看惯了世事的变幻无常，人情的淡漠，体会不到应有的关爱，那我们会多疑起来。看到问题、事情的时候，总喜欢多想，多怀疑。

如果太过多疑，那我们就会变得心胸狭窄，甚至是无中生有。因为若我们总是怀疑别人说自己坏话，认为别人都在议论我们，那久而久之，我们就会不信任同学。这样很不利于我们与同学们的相处。

当然，多疑的性格也会影响我们的成绩。无论是学习的时候，还是考试的过程中，若我们总是怀疑自己答案不对，而反复的猜测、犹豫，加大了学习和考试的难度，自然成绩也不会太高。若任其发展，这对我们的身心健康十分不利。

 ## 改正错误／从多疑的怪圈中走出来

如果我们事事想太多，而且不停地往坏处想，那自己必然很痛苦。因此，我们要学着从多疑中走出来，让自己学会正确地看待别人的言行。

凡事想简单点，他们说的并不一定是自己

如果我们什么事都想得简单一点，自然也就不会多疑了。看到同学们在一起说话还看着你，我们都会下意识地认为他们在说自己。其实，他们看你只是和你打招呼而已，事情并不是你想的那样。

把事情想得简单一点，自己也会快乐很多。

承认自己身上的缺点

俗话说"人无完人"，每个人都有自己的优点和缺点。为此，我们没有必要把自己的缺点遮掩起来，我们要敢于承认自己的缺点，正视自己的优点。

如果别人真的是在议论我们的缺点时，我们要敢于和对方讨论自己的缺点。这样下次他们在谈论的时候，自己也就没有什么好害怕的了。

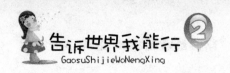

尽可能发现自己长处，做一个有自信的人

常言道："尺有所短，寸有所长"。我们尽可能地发现自己的优点，学会欣赏自己，并把自己的优点不断发扬。当我们取得了进步之后，也找回了自信，自然不会再去害怕别人对自己的评论了。

 父母引导／帮助孩子从多疑中走出来 ★

孩子生性多疑，遇事总朝消极的方面想，这对于孩子的成长来说是很不利的。孩子可能会因为多疑而变得自卑，也可能因为多疑而变得烦躁。所以，面对多疑的孩子，家长一定要耐心地教导孩子，帮助孩子从多疑中走出来。

教孩子学会豁达处事

每个人都不可能如愿以偿地得到自己想要的东西，也不是每个人都可以做到十全十美，俗话说："尺有所短，寸有所长"，一个人在一两个方面有所特长就不错了，没必要事事给自己设定那么高的要求。

所以，家长要教孩子学会豁达处事，凡事想得开，不要斤斤计较得与失。

家庭中有重大事情要告诉孩子

如果家长们有了重大的决定，而且这个决定还会影响到孩子，家长要及时地告诉孩子。如果家长害怕伤害到孩子，而选择了隐瞒，敏感的孩子也会变得多疑。所以，家长不要害怕孩子无法承受。他们上了初中之后就有权知道家中的一些重大决定了。这样做既是尊重孩子，也是锻炼孩子，让孩子学会自己处理事情。

任性

——我想什么事情都要听我的

 经典案例　　　　　　　　　　　　　　　★

初二张蕊的作文：《请原谅我的任性》

下雨了，被雨水沾湿的天空给人沉重的感觉，街上依然车水马龙，只是多了人们匆忙的步履，还有清脆的雨声。雨水不停地叩击着窗户，美丽的花瓣落在草地上，被雨水一遍一遍地洗刷，仿佛这样可以洗去往日的疲惫，重新绽放昔日的风采。

屋内，妈妈在微弱的灯光下显得有些虚弱。妈妈用猜疑的眼神看着我，仿佛想从我的眼神中读出些什么。几分钟之后，妈妈指着茶几上一个可爱的小熊笔筒，对我说："说，这是从哪儿来的？"

"生日时同桌送的。"我小心翼翼地答道。

"同桌？是男的还是女的？"

"女的，上次还来咱家做过客。"

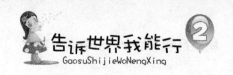
"你们都还是学生，花的是父母的钱，谁让你收了？"

"是她硬塞给我的，当着同学的面，我不好意思拒绝，只好……只好……"在妈妈的逼问下，我开始语无伦次。

妈妈一直都是个很严厉的母亲，从小教导我不许随便要别人的东西，尤其是同学送的东西。因为她认为我们现在用的是父母的钱，不知道父母挣钱的辛苦。而这次我却大胆地收下了同学送的礼物。

妈妈愤怒地看着我，说："张蕊，你自己想清楚！"我抬眼看着妈妈那种了然一切的神情，我生气地瞪了妈妈一眼，用力地把她推出我的房间，反锁上门。坐在床上，我的泪水不停地滴落，如同窗外的雨水。

过了很久，妈妈走到我房门口说："吃饭了！"我擦干脸上残余的泪痕，走出房门，我不想让妈妈看到我哭。饭桌上，我冷着脸，机械地重复着吃饭的动作，一点儿精气神儿都没有。吃了几口饭之后，我就起身回房间了。妈妈似乎想说点什么，但我根本就没给她开口的机会，就关上了自己的房门。

我和妈妈的冷战持续了一个星期。一天晚上，我正在赶功课，不一会儿就困得做不下去了。迷糊中，我看见妈妈进了我屋，把一杯牛奶放在桌子上，然后为我盖了一件衣服就出去了。

我看着桌上那杯热腾腾的牛奶，我哭了。我走进妈妈的房间，轻轻地躺在她的身边，抱着她，我什么都没说……

妈妈，对不起，请原谅我的任性，我在心里默念着。

 **认识错误**　　　　　　　　　　　　　　★

有时候，我们会无缘无故地生气、发火，没有理由地想要得到一样东西。即使我们知道自己不应该这样做，但我们还是无法控制自己。其实，这就是我们的任性。

很多时候，我们为了满足自己的某种需要，喜欢在父母面前发脾气、赌气，以此来达到自己的要求。如果这时，爸爸妈妈一味地顺从纵容我们，那以后我们会变得为所欲为，十分任性。

在父母眼里，事事都顺着我们，是对我们爱的一种表现。可实际上，这种爱给予得过多就是溺爱。而这种溺爱是非常不利于我们成长的。我们会因父母的溺爱变得自私、任性、无理，甚至是不懂得如何与别人合作相处。

如果我们有了任性这个坏习惯，那我们就会完全没有自我克制的能力，喜欢为所欲为，不能忍受父母、老师的约束和管教。

无论是合理的，还是不合理的；不管是正确的，还是不正确的，只要我们想做，我就一定要做到。而这样我们可能会在日常生活中经常碰钉子、遭挫折。

得不到我们想要的，我们会感到非常痛苦，对我们的身体和心理都会产生不良的影响。如果我们不能及时地发泄这些不良的情绪，我们很有可能也会患上一些心理疾病，比如，忧郁、狂躁等。

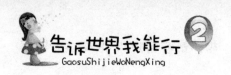
 ## 改正错误／让我们走出任性的阴影

★

一味任性妄为，可能造成严重的后果，甚至伤及自己，令大人心痛。所以，我们应该时常反思自己的行为。

体谅父母的良苦用心

世间所有的父母都是爱自己孩子的，无论他们用怎样的方式来管教我们，我们都应该明白，他们的出发点都是想让我们更好，都是为了我们好。所以，我们要学会体谅自己的父母，体谅他们的良苦用心。想任性时候，想想爸爸妈妈的好，我们就不再那么任性了。

试着关心身边的人

当别人心情不好的时候，我们给予对方一些关心和安慰，那我们收获的不仅是友谊，对方的称赞，还有可能是我们不再任性的一个开端。生活和学习中，我们应该多关心自己身边的人。只有我们给了别人温暖，我们才会得到更多的温暖。

有时间去看看比自己生活差的同龄人的生活

我们任性归根结底都是因为我们的生活条件、学习条件太优越了，物质条件太好了。如果我们像农村或山区的孩子一样，需要在农忙的时候下地干活，否则生活就难以为继，那我们还有什么理由去任性呢？因此，不妨多到农村或者是郊区去看一看其他同龄人的生活。

不要对父母、朋友要求太多

不要总是动不动就向父母要这要那，也不要自私地要求朋友只对你好。如果这些要求他们都满足我们的话，时间久了，我们会麻木。

当他们不能再给予我们的时候，我们可能会任性地做出一些不理智的举动。

 ## 父母引导／培养孩子乖巧懂事的性格 ★

看着孩子越来越大，却越来越任性，每个家长都伤透了脑筋。到底该如何管理自己那个任性的孩子呢？

给孩子立规矩

所谓"没有规矩，不成方圆"，凡事都应该有个规矩。如果家里的孩子比较任性，那就事先列一个大家都要遵从的规矩。比如，不能边看电视边做作业，不能不吃饭就吃零食，零花钱超过100元不能乱花等等。尤其是违反规定怎么处理，接受什么惩罚，承担什么责任，一定要一条条说出来。

前面有规矩，后面按照规矩办事，我们就好说话啦。坚持这样去做，就能改掉孩子任性妄为的坏习惯。

孩子任性的时候，家长要学会降温处理

当孩子任性发脾气的时候，家长可以暂时不予理睬，避免自己在气头上，把制止孩子不听话的行为变为与孩子的较量，这样只会给孩子火上加油造成继续发作的机会。

我们对孩子任性的行为不做出任何的反应，给他们一个孤立的环境，让他们感受到不讲道理是无助的，发脾气是行不通的。等孩子变得理智的时候，我们再给予必要的疏导和帮助，孩子慢慢地就不会再任性了。

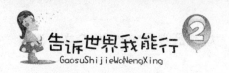
对待孩子的任性，家长的态度要保持一致

在教育任性的孩子时，家长的态度最好是一致的，因为这个时期的孩子已经会看别人的脸色行事了。如果爸爸比较严厉，而妈妈却总是宠着他，护着他，那他就会越来越任性，因为他感觉自己有靠山。所以，在教育孩子的时候，父母要保持一致的意见，即使意见不统一了，也要背着孩子商量。

注意，如果家中有老人且比较宠爱孩子。家长一定要和老人说清楚，让老人不包庇孩子或者给孩子当靠山。

教育任性的孩子，家长要有耐心

孩子的任性并不是一朝一夕形成，帮助孩子改正任性的时候，家长就不要表现的过于急躁，而应慢慢地因势利导，耐心地给孩子讲清楚其中的道理。

脆弱
——我真的接受不了现实

 经典案例 ★

14岁刘彦的自诉：我该如何掩饰我的脆弱！

我是一个很普通的中学生，普通得掉在人堆里都不会有人发现我。有时我常常这样想：上苍为何对我如此的不公，我是不是就不应该来到这个世界上。

4岁的时候，爸爸妈妈就离婚了。那一刻，我没有哭过，我决定要变得坚强起来。也是从那一刻，我变成了一个有暴力倾向的女生。在乖乖女的伪装下，我做着近乎疯狂的事。

爸爸妈妈离婚后，我选择和妈妈住在一起。可是，她根本就不了解我。她有应酬的时候，总是喜欢带着我去。因为我漂亮，在外人眼中永远都是一个听话懂事的乖乖女。她总是向别人夸耀说："这是我的女儿，一直都很乖巧，很听话。"然后我会看见别人一副讨好的附和样。

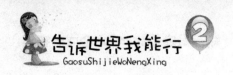

呵呵……真是好笑，我乖巧，那个乖巧的我，早已在 10 年前被我丢弃了。而现在的我，只是一个疯狂的我。

上了初中之后，我就开始慢慢地变坏了，我不再伪装得很乖巧，公然地和妈妈对抗。在学校里，我帮助别人打群架，不上自习课在操场上一个人坐着。但我的成绩还是让她满意的，面对这样的自己，我很讨厌，可我该怎样掩饰我的脆弱呢？

 ## 认识错误 ★

我们可能因为跟同学发生点矛盾就不吃不喝；被爸爸妈妈训斥几句就离家出走；和老师有点矛盾就想退学；因考试失利而寻短见……这些其实都是我们内心脆弱，经不起挫折打击的表现。

我们都是"抱着蜜罐子"长大的。正因为如此，我们才缺少最起码的承受力和应变力，外表看起来就像色彩鲜艳的草莓，里面却苍白绵软，稍一施压就可能变成一团稀泥。尤其一旦过去的"辉煌""甜蜜"没了，我们就很难得到满足和平衡，就想通过极端的方式来逃避问题。

有时候，我们会从网络、电视、电影这些媒体中，看到并学会了一些暴力、血腥、离家出走的逃避方法。由于我们的心理还不够稳定，很容易模仿这些媒体中"榜样"的行为。而这样的"榜样"形象一旦被毁，我们的心理承受能力就会直线下降。

当然，家庭是影响我们心灵的一个重要因素。不少家长都把目光、心血倾注在我们身上，过分地宠爱我们，希望我们一帆风顺。有时候，我们在成长的道路上出现挫折，他们就会立马挺身而出，不让我们受一点委屈，这样会使我们的心理承受能力不强。一旦离开了他们，我们就变得极其脆弱，在挫折失败面前不知所措，一蹶不振。

如果说父母对我们过度呵护会导致我们心理承受能力变弱，但如果我们的父母对我们不闻不问，甚是采用"黄金棍子出好人"的教育方式呢？

无论是溺爱还是过于严厉的教育方式，对于我们来说都是不对的。如果父母对我们的管教过于严厉，根本不具人情味，我们长时间感受不到他们的理解和支持，我们的心理也会变得越来越脆弱。

心理脆弱对我们的危害，并不只是表现在我们没有勇气接受现实，更多的是我们在遭受到打击之后。我们会从此失去继续前进的信心和勇气，甚至会因为一点小事而选择结束自己的生命。

 ## 改正错误／学习让自己的内心变得强大起来 ★

心理过于脆弱，承受不住打击不是一件好事。每个人的一生都可能有各种各样的挫折，让自己的内心变得强大一点，我们才能熬过这些艰难的时刻，重新振作起来。所以，不妨学着把自己的内心变得强大。

制定的目标一定要适合自己

我们极其脆弱，一个原因是我们希望完成的目标没有实现。我们希望的越多，目标放得越高，失望可能就会越大，遭受挫折的机会就会越大。所以，我们对自己报以希望和为自己制定的目标不要太大，适合自己就好。最好的目标应该是努力跳一下就能够得到的。

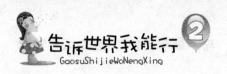

把父母、老师给予的压力变成动力

我们的压力越来越大，这是一个无法改变的事实。我们要学会接受这些压力，把压力变成我们前进的动力。只有我们善于把压力变成动力，我们才感受不到压力，而心理承受能力也会越来越强大。

对于自己的挫折采取宽容的态度

我们不仅对别人要宽容，对待自己的挫折也要宽容。这时的宽容不是放纵，而是冷静地让自己看清挫折，并且为自己创造好条件，让自己有机会继续前进。

因为很多时候，那些心理承受能力差，遇到挫折容易走极端的人，主要是因为他们不敢正确地看待挫折，不能正视失败的自己。所以，我们要学会宽容自己的挫折。

给自己树立正确的挫折观

挫折和失败都是我们成长路上必然会碰到的，我们应该保持一个乐观积极的态度去面对挫折和失败，从而让自己变得更聪明、更成熟。我们也可以把"失败是成功之母"作为警示自己的标题。

向小草学习坚强

我们可能都背诵过这样的诗句："野火烧不尽，春风吹又生。"小草虽然不起眼，但是它的生命力却很顽强。它深深地扎在土里，令人很难连根拔起。过路人狠狠地践踏，也不能让小草停止生长。即便是被野火烧尽，到了春天它仍然会再次绿满大地。

所以，当我们遭遇挫折打击，不妨向小草学习，适时蛰伏，重新振作。

父母引导／培养孩子坚强的性格

孩子心理脆弱，就像刚发芽的花朵经不起暴风雨的摧残一样，经受不住任何的打击。身为家长，该如何培养孩子坚强的性格呢？

对孩子多实行挫折教育

在遇到挫折的时候，家长应该在孩子的旁边，陪他们战胜困难，而不是替他们解决问题。平日里要多孩子对实行挫折教育，引导孩子积极主动地去面对困难，使孩子有独自战胜困难的决心和勇气。

不要把孩子一直都当成弱者

家长不要一直都把孩子当成弱者，也就是说不要总为孩子挡风遮雨，要给孩子独立面对困难和考验的机会。比如孩子考试失败的时候，爷爷奶奶在安慰她，父母可以对孩子说："没关系，让她自己想想吧，她到了独立思考的年龄了。"

生活中，让孩子有勇气

如果一个孩子不敢去跑步，那他就永远都不会赢得比赛；如果孩子不去挑战，那他也就不可能有进步；如果孩子没有勇气面对挫折，那他一定也不会变得坚强。

如果让孩子多点勇气，那孩子就会更加坚强。勇气不是天生的，而是后天培养的。所以，家长要寻找机会培养孩子的勇敢精神，让孩子变得有勇气，比如赞美孩子、激励孩子等。

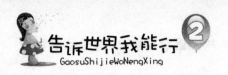

18

消沉
——就这样吧，再努力也改变不了什么

 经典案例 ★

什么都"没意思"！

高娅媛是一名初二学生，成绩一般般。她原本是个开朗自信的女孩。即使面临各种比赛，她都很有自信。那时，她常常对父母说："别担心，我会考好的。"每次听到她这样说，大人都特别放心。

可是上了初中之后，高娅媛的成绩由开始的前几名滑到班上的最后几名，这让从小就习惯了爸爸妈妈表扬的她难以接受。为此，她时不时地和爸爸妈妈闹别扭，甚至是赌气到外婆那里住。

暑假时，很多朋友都出去玩，而她情愿一个人待在家里，同学们打电话邀请她，她也总是用"天太热"来拒绝同学。她越来越感到自己很差劲，对什么都不感兴趣，甚至觉得活着都没什么意思。

高娅媛天天都闷在家里，不是看书，就是玩电脑、看电视。妈妈让她陪着逛街，她说"没意思"；同学来找她玩，她说"没意思"。一天，妈妈站在她的面前很严肃地问她："你是不是上网成瘾了？"

高娅媛看着妈妈认真的表情，摇着头对妈妈说："上网也很无聊，没意思！"听到她这样回答，妈妈有点担心了，就接着问："那你觉得做什么有意思呀？"

"妈，什么都没意思。你看我以后上高中、大学、工作、结婚，然后呢？然后就等着死了，有什么意思呀？"听到她这样说，妈妈也不知道该说什么了。

由于高娅媛常常把"没意思"挂在嘴边，同学们都叫她"没意思小姐"。

认识错误

也许我们短时间里感觉做什么事情都没意思，做什么事情都提不起兴趣来，这是很正常的。因为我们每个人的情绪都会有一段低潮期。可是如果我们长时间都感觉没意思，一直对任何事情都不抱希望，那我们就消沉了。

有时候，我们自己都不知道自己想获得什么，为什么而活着，对于以后完全没有明确的概念，如同水上的浮萍，东飘西荡，不知何去何从。实际上，只不过是我们缺乏人生的目的和方向。在匆忙的生活中，找不到人生的出口，对此我们选择了逃避的办法——消沉。

不少同学消沉是由于害怕失败，害怕失败后的恐惧感会伴随着自己。而当我们面对一个新的决定，新的付出的时候，我们可能看到的

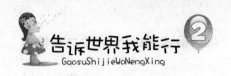

都是失败后的境况，从而使自己不愿意去面对新的挑战，于是我们只能意志消沉。

如果我们比较好高骛远，表现出不切实际的空想，把成功寄托在荒唐的想法上，比如，想象自己与哪位大明星结婚了；某位远方的亲戚叫自己继承巨额遗产等等，对于客观存在的事情总抱有侥幸心理，而不愿意脚踏实地地好好学习。久而久之，我们也会变得一天比一天消沉。

很多时候，由于力不从心，我们梦寐以求的愿望和物质得不到满足，消沉心理油然而生。经不起风浪，遇到挫折就认为命运不公，从而精神萎靡，认为人生不过如此，上了大学也改变不了现状，过一天是一天吧。

无论是何原因致使我们变得消沉，对我们的学习和成长都是不利的。如果我们一直消沉地看待人生，我们就看不到希望，找不到人生继续前进的方向，从而在物欲横流的生活中迷失了自己。

 ## 改正错误／让我们和消沉说"拜拜"　★

若是每天都觉得没意思，得过且过，那我们的人生不过就是干瘪的橘子皮。要想不消沉，就要给自己的人生注入活力。

每天给自己点新鲜感

消沉之后，我们必然会麻木，对任何事情都不感兴趣，这时我们不妨给自己点新鲜感。比如，今天我们骑自行车去上学，那晚上回家的时候，我们就可以散步走回来，或者是到其他地方走走。如果我们每天都过着不一样的生活，我们就不会厌倦了。

每天都给自己一个快乐的理由

每天起床洗漱的时候，我们都学着给自己一个快乐的理由，这个理由可大可小。当我们不开心、消沉的时候，就想想这个理由，慢慢地我们就不那么消沉了。因为有份好心情，就有了一份继续生活下去的动力。

给自己制定一个奋斗的目标

如果我们真的不知道自己该干点什么，那就从自己兴趣爱好入手，为自己制定一个可行的目标，并且为了这个目标一直努力奋斗下去。当我们达到了自己指定的那个目标时，我们就会体验到成功的心境，消沉就慢慢消失了。

用反诘法，可以问问自己：你就准备这样一直下去吗？

可能我们受到的打击比较大，会长时间地处于消沉状态中无法自拔，这时我们可以冷静地问问自己，是不是愿意一直这样下去？如果不是，那就马上行动；如果是，那我们就要找到自己失败的根本原因，然后试着调节自己。

把心中的苦闷说给朋友听

把消极情绪压抑在心中，只会更消沉。我们需要把这些情绪宣泄出来，最好的办法是倾诉，毕竟谁都需要别人来劝解自己，帮助自己分析事情的状况。这时，我们可以找个好朋友，把自己心中的苦闷讲出来，听一听对方的见解观点，让自己找到重新振作的理由。

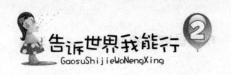
 ## 父母引导/培养孩子积极乐观的生活态度 ★

看着孩子一天比一天的消沉，对于任何事情都得过且过，确实令人担心，那家长该怎么办呢？

多给消沉的孩子一些鼓励和肯定

每个孩子都希望能够得到他人的肯定和鼓励，尤其是消沉找不到方向的孩子。家长平时要多给他们一些鼓励，他们有了做事情的信心，自然就不会那么消沉了。

多给孩子介绍一些乐观开朗、有理想的朋友

家长可以让孩子多和一些乐观开朗、有理想的孩子交朋友。在朋友的带动下，孩子也会很快地走出消沉的阴霾。因为孩子们之间的情绪是可以传染的，看到别人有理想、有目标，孩子自然不甘落后了。

多陪孩子外出走走，做一些符合他年龄的游戏

孩子小时候，父母会用小游戏哄他开心。其实孩子大了之后，这个办法依然适用。不过，在选择游戏的时候，应该尽量选择符合孩子心理和生理年龄的游戏。如果孩子对某个游戏比较爱好，从中感受到了生活的乐趣，那也是有益的。

当然，总把孩子"锁"在房间里看书写作业，孩子自然觉得无趣。家长应多带孩子参加户外活动或者远途旅行。当孩子意识到人生还有很多别样风景，他就不会觉得枯燥了。

叛逆
——就是要和父母老师对着干

 经典案例　　　　　　　　　　　　　　　　　　　　　★

打耳洞，因为我喜欢！

岳璇是个很漂亮的女孩，今年 14 岁。初一的时候，一直都很听妈妈的话，然而不知道最近怎么了，她突然喜欢和妈妈对着干。

上周末，岳璇和自己的好朋友一起出去逛街，回来时妈妈就看见她红红的耳朵。妈妈害怕她在外面出了什么事儿，连忙问："你耳朵怎么了？"

她捂着自己的耳朵就跑回了屋，妈妈越想越觉得事情不对劲儿，于是就敲开了岳璇的房门。"璇璇，你耳朵怎么了？让妈妈看看。"岳璇挡住了妈妈伸过来的手，没好气地说："没事，您别管那么多了，我饿了，还没吃饭呢！"妈妈看着岳璇的样子，知道她不会对自己说，就去厨房做饭了。

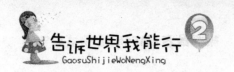
吃饭的时候，妈妈发现原来她打耳洞了。看着女儿红肿的耳朵，妈妈又是心疼，又生气，大声对她喊道："谁让你去打耳洞了？不好好学习，每天总想没用的事情，把这些心思放在学习上多好呀！"

妈妈原以为岳璇会承认错误，没想到她却冲妈妈喊道："我是打耳洞了，怎么了？谁规定我不能打耳洞了，我喜欢，我愿意，可以了吧！"说完，丢下碗筷就回屋了。

第二天晚上，妈妈看见岳璇的耳朵上又多了两个洞。

看到你生气，我很爽！

李跃是家里的独生子，平时家里人都很宠着他，于是他也习惯了别人事事都顺着他。

一天，他和同学们在外面玩得有点晚了，回家已是晚上11点了。妈妈告诉他以后不能回来这么晚，而他却白了妈妈一眼就回屋睡觉去了。

第二天，李跃看到其他同学都染发，觉得很有意思。于是，他也把自己的头发染黄了。他知道妈妈肯定不喜欢他这样做，但回家的时候，他没有丝毫的害怕，反而轻松地吹着口哨进门。进家之后，李跃不可避免地和妈妈大吵一架。

晚上，李跃在自己QQ空间里写到："我就是故意的，看到你生气，我很爽！而这一切都是因为你不理解我，不理解我内心的想法！"

 认识错误 ★

进入青春期之后，我们的独立意识和自我意识会慢慢增强，因此我们会越来越反感爸爸妈妈或老师把我们当"小孩"，迫切希望摆脱大人的监护。甚至，我们期待大人像对待一个成人那样，平等而尊重地对待我们。

因此，一旦大人不把我们的"独立宣言"放在心上，仍然以我们不够成熟为由把我们管得很严时，我们自然会为了表现自己的"非凡"而和他们对着干。

有时候，不光是爸爸妈妈的教育方式会导致我们叛逆，如果老师不了解我们，对我们表现自我的行为总是批评或指责，根本不与我们交流思想，这也容易激起我们的叛逆心理。

于是，我们就会有以下表现：不喜欢按照别人说的去做，在家不听爸爸妈妈的话，在学校不听老师的话；如果爸爸妈妈再三叮嘱同一件事会使我们感到厌烦；认为大人的话有漏洞，大人的批评常常引起我们的愤怒；一旦我们决定做某件事，不管别人怎样劝阻也不会改变主意；越是不让我们做的事，就越要去做。

可以说，叛逆是我们表达自己很有主见、渴望获得平等地位的一种方式。虽然说不上是一种非健康的心理，但是，当一个人过于叛逆的时候，对大人的反抗就可能变得极端而不正常。

我们可能因为深陷叛逆心理的泥沼，而表现得很多疑、偏执、冷漠、不合群。曾经的梦想，学习和生活的激情都可能因此泯灭和消退。我们很可能会因为叛逆而荒废了学业，甚至做出连自己都无法预料的错事，比如打架、上网、同社会上的小混混交朋友等等。如果不及时调整自己，发展下去对我们的成长是非常不利的。

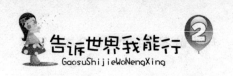

 ## 改正错误／学会应对自己的叛逆 ★

我们在叛逆期所做出来的事情，往往都是欠考虑的。也许我们当时觉得自己做得很对，可事后，看到父母伤心的泪水，老师失望的眼神，我们也会自责、后悔。所以，我们应该学会"管理"自己的叛逆。

听到父母或老师不正确的言论时，请保持冷静

当我们觉得父母、老师的言行不对，请不要激动地反驳，也不要做出一些举动来攻击他们。而是深呼吸，然后数三个数，再认真想一想这件事情，想一想该怎样去面对。这样可以避免自己做出一些错误的举动。

学会忍耐

避免自己犯错误，我们要学会对自己说："不要愤怒！"即使是对方错了，我们也要学会忍耐。虽然这样我们会很痛苦，但是我们会成长得很快。学会了忍耐，做事情也就不会那么冲动了。

学会将心比心地看待问题

因为叛逆，我们会完全否定爸爸妈妈对我们的关心，会下意识地忘记老师对我们的好。当他们教育我们时，我们就会觉得他们可恨。这个时候，我们应该学会站到别人的角度去想问题，也学会为他人着想。

试想一下，如果老师和父母根本不爱我们，那他们干吗冒着被我们怨、被我们恨的危险，一个劲儿地告诉我们什么是对，什么是错呢？知道他们的出发点是爱，那我们为什么要用打架、染头发、打耳洞这样的事情来伤害他们呢？

而且，在很多事情上，大人毕竟比我们有经验。他们之所以反复

叮咛是为了让我们少走弯路，而不是控制我们的思想，所以有些话，听一听也是好的。

学会用其他办法来处理问题

如果我们和父母、老师的意见不统一，我们就和他们对着干，对他们进行报复，这不是聪明的做法，是愚蠢者的方式。因为，我们不听他们的话，很有可能会错失我们学习、继续前进的机会。

其实，当意见不统一时，解决的办法有很多种，比如：和他们谈谈、用日记和小字条的方式写下自己的想法等等。

父母引导／和孩子一起走出叛逆 ★

孩子进入了叛逆期，对父母来说是一个重大的挑战——放纵孩子的叛逆，害怕孩子以后会误入歧途；事事管着孩子，孩子会越被管越叛逆。尤其，近年来社会上那些青少年"逆反期"杀亲案、出走现象、自杀事件等都让家长非常重视对孩子叛逆期的引导。那究竟该怎么办呢？

理解、信任、尊重孩子

陈女士和丈夫忙了一天后回到家，身心疲惫，与儿子很少交流，儿子慢慢和他们疏远了。而当他们对儿子的一些行为看不惯时，便会责骂。一开始，她的儿子只是沉默忍耐，后来变成了明显对抗。大人叫往东，他却往西，还在公开场合和陈女士大吵。

孩子之所以叛逆，大多源于家长比较专制霸道，对孩子的言行不是理解和尊重，而是批评和责骂。这会让孩子更渴望自由和独立。

所以，如果孩子打了耳洞，家长更应该做的是了解他为什么这样

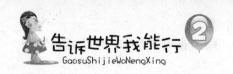

做。可能是为了酷、为了美，或者只是为了彰显自己的独特。了解孩子的心理，尊重他的想法，如果不对，可以加以引导。千万不要用强硬的态度改变孩子的兴趣。这样才可以让孩子感受被信任，从而缩小了与孩子之间的心理距离。

与孩子平等、民主的相处

孩子叛逆最大的特点就是喜欢对着干。如果这时父母还是以一副居高临下，命令式的口吻和孩子交流，安排孩子的学习和生活，孩子就会表现得更加极端。

所以，父母要学会与孩子平等、民主的相处，以朋友的身份与孩子交流，孩子才会打开心扉，也才会听话。

家长教育叛逆的孩子要避轻就重，以柔克刚

家长不要对孩子的大事小情、所作所为都指手画脚，这样会加重孩子的反感度。尤其是初中的孩子，家长把握好大的原则就可以了。

当孩子情绪不好的时候，家长可以延迟对问题的处理。对于过于敏感的话题，家长也可以转移话题或者是用笔谈等方式沟通，这样效果会更好。

焦虑

——为什么我总感觉不踏实

 经典案例 ★

初三李晨的日记：《马上要中考了，我心里一点都不踏实》

最近一周天气都很好，阳光明媚，可我的世界仿佛在一片黑暗中。看着黑板上的倒计时，我的心里越来越堵得慌。

小学的时候，我的成绩一直都很好，还曾是班里的班长，也曾在学校的各种比赛中获得了不少奖。可是考入初中后，我原来的兴奋和拼劲儿都慢慢地磨得粉碎。

每次看着刚刚及格的成绩单，我都感觉那不是自己的试卷。我拼命努力，学习、补课，可就在最后一次模拟考试的时候，我换回的还是那份刚刚跃过及格线的试卷。

看着妈妈每天为我整理好书包，换着花样儿给我做饭，甚至还听到她悄悄向我的班主任询问我是不是和同学闹矛盾了。我心里酸酸的，对

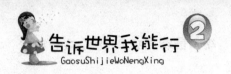
妈妈的愧疚越来越多。但看着桌上堆积如山的模拟试卷，还有各种复习资料，却又无法静下心来，有一种想要烧毁它们的冲动。

"喂，李晨，这次成绩怎么样，你这么努力成绩一定不错吧！"听着同桌这样的问话，我真的好想找个地缝钻进去。而且，我对学习越来越不抱希望了，甚至有时候都不愿意去学校上课。

走在回家的路上，就要中考了，我的心里一点都不踏实，该怎么办呢？

妈妈出差了，我很焦虑！

15 岁的郁芳是个乖巧听话的孩子，成绩一直都很好，而她的妈妈是一所中学的老师，平时回家的时候，都会辅导自己的女儿做功课。

由于妈妈要到其他省市去学习，家里只剩下了爸爸和郁芳。一天，郁芳像往常一样在写作业，一道物理题她算了好久，也没有找到正确答案。她只好跑去问爸爸。爸爸是虽然也是教师，但却是教体育的，对于女儿的难题，他也爱莫能助。

郁芳想着自己马上就要期中考试了，而妈妈却还要 3 个月之后才回来。看着自己手上一大堆的难题，郁芳哭了。

以后的 3 个月中，郁芳经常失眠，有时候还会头晕。她常常对爸爸说："妈妈什么时候回来呀？我都要考试了，心里一点谱都没有。这次考砸了，我就评不上三好学生了。"

 认识错误

我们在考试的前夕都会感到心神不宁，总是感觉心里不踏实。而每次考完试之后，我们都可能对同学们这样说过：

"这次考试没有准备好，刚发下试卷我就懵了！"

"考试的时候，我做着做着就想其他的事情去了，最后等考试结束的时候才发现自己还有很多题没有做。"

"做题的时候，我一直都在想万一不及格怎么办？结果真的就不及格了。"

其实，这就是我们的考试焦虑。考试焦虑是一种很常见的现象，久经考场的我们对此可能也并不陌生。考试前我们会忐忑不安，考试中头昏眼花，胡思乱想。但我们却并没有反思过，我们为什么会这样？

实际上，除去平时学习不认真，考试准备不充分之外，我们自身也同样有很多因素导致焦虑的产生。

一般情况下，把考试看得越重，我们就越容易产生焦虑。因此，我们会产生一种"未进考场而脚先软"的焦虑，甚至是明知道试题很简单却也紧张不安。于是在以后的考场上，形成了条件反射。

有时候，在考试时我们的脑中却总也甩不开一个念头：这次考试能及格吗？如果没及格怎么办？提前预料考试结果，也容易使我们焦虑，而这种焦虑在重大的考试中对我们的发挥是很不利的。

有时候，我们不是担心考试的结果，也没有特殊的心理反应，只是无法阻止思绪无目的的漫游。这些和考试没有关系的胡思乱想，也是逃避考试压力的一种反应。因此，我们常常会出现审题不清、胡乱答题的现象。

无论是什么原因致使了我们焦虑，它对我们都没有好处。如果我们一直都处于焦虑的状态下，我们就会心浮气躁，做事没有耐性，也没

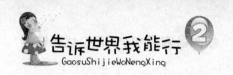

有毅力，最后影响了我们的学习成绩。有时候，焦虑还会引发我们失眠、抑郁等疾病。

 改正错误／走出焦虑的阴影，学会淡定处事 ★

努力走出焦虑的误区，学会淡定从容面对一切事物，让自己有个好心态，我们可以这样做：

树立学习的自信心

考试焦虑大多都是因为担心自己的成绩不好，不及格。也就是说，我们不相信自己的成绩，也不相信自己的能力，很自卑。所以，我们首先要对自己有信心。如果试题很简单，我们只要认真做题就可以了。

如果试题很难，我们非常的不自信。我们可以试着这样想一下，我们不会的，别人也不一定都会，也许我们会的比别人还多呢。

学习时，认真地学；玩耍时，尽情地玩

在玩游戏或者度假期时，我们就要尽情地玩，尽情发泄自己的情绪。等到上课时，我们就认真地听课。不要上课的时候想着玩。玩的时候想着学习，这样不仅学习没效率，还会使我们在考试前焦虑、自责。

为自己制定一份科学合理的作息时间表

上了初中之后，我们应该学会合理地安排自己的时间。比如，什么时候复习功课，什么时候活动、什么时候写作业等，都应该合理安排，这样我们也就不会表现的那么焦虑了，因为我们事事心中有底。

随时调整自己的心境

我们的心情状况对学习有很大的影响，当我们心情不好的时候，我

们学习也是最没有效率的。所以，我们随时都要调整好自己的心情，并保持自己经常处于愉快、恬静的心境之中。

父母引导 / 让孩子有个好心情

平时不要给孩子太多的压力

孩子的焦虑来源于他们心中的压力，他们在考试前的压力已经够大的了，如果家长们还频频地向孩子施加压力，那孩子的压力就会更重，焦虑的情绪也会加重。

所以，父母平时要多关心孩子的交友、兴趣、情感等，多倾听孩子说话，不特意给孩子施加压力，慢慢地孩子的焦虑情绪也会得到缓解。

为孩子营造一个轻松、愉快的家庭氛围

如果家里的生活环境比较轻松，孩子也不容易有焦虑的情绪。所以，家长要努力为孩子营造一个轻松、愉快的家庭氛围。在这样环境下成长的孩子，心态要比普通人的心态好。如果想营造这样的家庭氛围，家长就不能把自己的情绪带回家，也尽量不要在孩子面前表现得很焦虑。

让孩子有玩的时间

家长望子成龙、望女成凤是可以理解的，但也要给孩子玩耍的时间。不少家长会给孩子安排提高班或者才艺班，占用孩子玩的时间，这必然会引起孩子的逆反心理，决心和大人对着干。结果，孩子面临考试时，情绪上没有做好充分的准备，焦虑自然难免了。

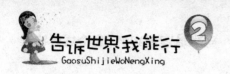

21

偏执
——为什么我做事总是一根筋

 经典案例

★

这次他的成绩比我好，肯定是作弊了！

侯景是一名初三的学生，喜欢与同学们争论，评论他人是非，还喜欢嫉妒别人。所以，他在班里同学都不愿意和他玩。

平时他的成绩和同桌张瑶差不多，大多数侯景的名次都是排在张瑶前面的，于是侯景很看不起张瑶。一天数学老师做了一次测试，侯景的成绩居然排在张瑶的后面，侯景心里很不舒服，他认为是张瑶考试打小抄了。

下了数学课后，侯景就对前排的同学说张瑶考试作弊了，而且还在同学们面前说张瑶的坏话。这些话恰好被从厕所回来的张瑶听见了。张瑶很生气地对侯景喊道："你凭什么说我作弊了？你有什么证据吗？"

虽然张瑶考试作弊是侯景的一种猜想，但侯景还是理直气壮地说：

"我的成绩一直都比你好，而且前几天我还教过你数学题，这就证明我的学习比你好，这次成绩突然比我好了，你不是作弊是什么？别和我说你只是小抄了一下而已。"侯景说完之后，还挑衅地看着张瑶，仿佛他说得都是真的一样。

听侯景这样说，张瑶当时就气哭了。侯景看到张瑶哭了更加得意了，他笑着和周围的同学说："看！被拆穿，没脸见我们大家，哭了吧，呵呵……"

张瑶突然跑到侯景面前给了他一个耳光，接着他们便打起来了。同学们及时把班主任找来，把他们拉开了之后。班主任就问："为什么打架呀？"同学们把事情的真实情况告诉班主任之后，班主任把侯景请到了办公室。

"你知不知道，这样污蔑同学是不对的。"班主任生气地对侯景说。

"我没有污蔑她，她就是作弊了，而且我还看见了。"侯景丝毫感觉不到自己错了。

"那你那个时候，怎么不告诉老师呢？"

侯景一时不知道该怎么说了，他低着头没有说话，班主任看他那副样子，就知道这是他的猜想并非是事实，接着说："我们说话办事要有根据，凭空去怀疑一个人是不对的，等一下你和我去给张瑶道个歉，这件事情就算过去了。"

认识错误

我们喜欢坚持自己的观点，并且对事物执着是件好事，可是如果

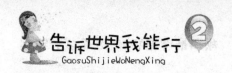

我们过于坚持自己的观点，那我们就很容易偏执。

导致我们偏执的原因有：

1. 我们的经验与阅历不足，看事情不全面，一直坚持自己错误的观点，最后致使我们偏执。

2. 我们对自己的要求过高，但我们又达不到自己设定的目标，极度的虚荣和自卑也会使我们偏执，不愿意承认自己的错误。

3. 我们的心智不成熟，想事情还比较简单，不能找出问题的关键所在，当他人超过自己的时候，我们不是继续努力，而是心生嫉妒。为了显示自己不比他人差，下意识地抬高自己贬低他人，从而做出偏执的行为。

偏执了之后，我们对身边的一切事物都会怀疑，极其不信任身边的每一个人，也常常把别人的好意理解成恶意。如果别人批评了我们，或者是拒绝、侮辱和伤害过我们，我们的反应就比一般的人要强烈持久一些，甚至我们还会总想报复对方。

固执死板、心胸狭隘、性情暴躁也是偏执的一大特点。对于自己学到的知识严格保密，生怕别人知道或学去，不喜欢与竞争者交往。这样也会致使我们爱嫉妒，总认为自己是正确的，对自己学习能力和交往能力估计过高，从不自我检查。一旦有了错误，容易从个人感情出发，主观片面性大。

如果我们是一个偏执的人，老师、同学以及亲友都不愿意和我们交往，甚至还会有意远离我们，我们做事说话也很难得到他们的认同和肯定。由于我们过于偏执，提高学习成绩也很难。而我们也会因得不到大家的认同而焦虑，事事不顺心，最后可能会引发一些精神疾病。

改正错误／改掉自己偏执的坏习惯

若我们过于偏执，还可能患上偏执型人格障碍，阻碍我们的健康成长，因此，改掉偏执很重要。

看一些心理描写的书籍，净化自己的心灵

书籍永远都是我们最好的朋友。无论什么时候，只要我们想拥有，它都不会抛弃我们。如果我们感觉自己偏执了，那我们可以多看一些描写心理的书籍，比如，陀思妥耶夫斯基的《罪与罚》、柯南道尔的《福尔摩斯探案全集》等，学会让自己平静下来，善于思考。

经常提醒自己做事要三思而后行

我们是初中生，应该学会调节一些不良的情绪反应，做事之前我们要多自我提醒和警告，避免自己陷入"敌对心理"的旋涡中，这样有助于改善自己过于强烈的情绪反应。

只有尊重他人，才能得到别人的尊重和认可

我们要学会尊重别人，尊重别人的劳动成果，尊重别人的思想，只有这样我们才会得到别人的尊重和认可。同时我们也要学会对帮助自己的人说感谢的话，不只是一句简单的"谢谢"，更不是一副不理不睬的样子。

学会处理自己过激的话语

如果我们说的话理由充分，能够站得住脚，我们就会得到大家的认可；相反，如果我们说的话不能够使别人信服，我们就应该以幽默的调侃为自己找个台阶下。这样既不会伤害我们的自尊心，对我们改

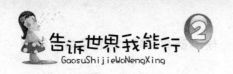

正自己偏执的心理也是很有帮助的。

 ## 父母引导／培养孩子豁达的性情 ★

孩子太过于固执，喜欢钻牛角尖，会让孩子变得越来越不通情达理。这样的孩子往往意识不到自己的错误，嫉妒心强。所以，身为父母应该及时地引导孩子改正。

鼓励孩子与他人交流思想

偏执的孩子惯以灰暗消极的心理评判别人的行为，习惯对别人的一切言行都质疑。为此，孩子要多与朋友、同学谈心，建立交流思想感情的"热线"，使孩子能够了解别人的心理状态，理解他人的喜悦和苦恼。时间久了，孩子对他人的质疑会随之减少。

给孩子关爱他人或参与公益活动的机会

通过帮助别人，关心别人，可以培养孩子心胸开阔、善解人意的优良品质。偏执的孩子常常对现实不满，为了发泄心中的愤懑，就会责难别人，把别人说得一无是处。

所以，家长应该创造机会，让孩子主动去关心别人，帮助别人。当他们体会到助人为乐的幸福感时，他们对身边的人就会宽容很多。

让孩子学会用事实消除疑虑

偏执的孩子固执已见，看人看事含有强烈的主观片面性，家长要诱导孩子依据事实来判断他人。当孩子的情绪不稳定、暴躁时，家长应采取"冷处理"的方法，先不要急着给孩子讲道理，而是尽量让孩子冷静下来，然后再和孩子一起在事实中找到答案，消除孩子的疑虑。

粗心
——我也想改掉不细心的坏习惯

经典案例

14岁项以彤的日记：《美食变成了火灾》

周六的时候，爸爸妈妈都出去买东西了，家里只有我一个人。中午的时候，我的肚子准时地响起了闹钟，而爸爸妈妈还没有回来。

于是，我就到冰箱里找东西吃，可冰箱里只剩下一包面条了。于是我决定自己动手，当一回厨师。

我学着妈妈的样子刷干净锅，在锅内盛了一些水，然后打开煤气的开关。等水开了之后，我就把面条放了进去，小煮了几分钟后，我又把火拧到最小处，把面条慢慢盛到碗里，放了点酱油、鸡精等各种作料。你别说，闻着都香！

我把面条端到茶几上，美滋滋地看着电视剧，一边吃着自己做的面条。吃完面条之后，我就有点小困了。于是碗一推，就躺在沙发上

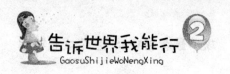

睡着了。

也不知道过了多久，只听见妈妈喊"什么味道？"我才醒过来。妈妈认真嗅了几下，就匆忙地跑进厨房了，随后就听见妈妈的尖叫，这下子我完全清醒了，跑到厨房忙问："妈，怎么了？"

妈妈生气地瞪着我说："你自己看！"我朝着妈妈示意的方向看去，只见锅被烧得通红，就像太上老君的炼丹炉，只不过这炉里面是几根没吃完的面条，并冒着黑烟。我才想起来，我只想着吃了，没有关煤气的火，剩下的面条也没有处理。

如果不是妈妈及时回来，我就会煤气中毒，还有可能会引起火灾，不仅会烧了我们家，而且也会烧到邻居……越想，我越害怕，背上的冷汗都冒出来了。

看着妈妈麻利地处理了现场，我很愧疚。晚上，妈妈进我房间和我说："以彤，妈妈不希望你是'懒羊羊'，好吗？"

我知道妈妈说的"懒羊羊"指的是我平时太粗心了。我看着妈妈认真地点了点头，可我怎样才能不粗心呢？

 认识错误 ★

在日常学习中，我们经常遇到这样的事情：考试结束后，满以为考得不错，在父母和同学面前夸下海口，十分得意，可一拿到试卷就蔫了，分数与自己预料的有天壤之别。再一仔细看试卷，不是这儿多了个小数点，就是那儿有个错别字，明明是要翻译语句，却偏偏要在那里自作多情地解释语意。最后，急得捶胸顿足，要死要活的，仰天长叹：唉！都是可恶的粗心惹的祸。

有时候，我们明知粗心要不得，可我们每次做事还是那么粗心，为什么呢？

1. 因粗心所犯的错误很小，引不起我们足够的重视。

2. 反正这次都错了，下次改正就好了，这样循环地得过且过。

3. 做事情心不在焉，心猿意马，总会被外界的一些事物所吸引。即使时刻提醒自己做事要认真仔细，还是会犯很多低级的错误。

4. 习惯自以为是，甚至有点猖狂。过度相信自己的第一感觉，而不去反复地思考，那做事就极有可能会粗心，重要的是发现了错误也不会去改正。

5. 做事情过于急躁，看事情走马观花。做事情急于求成，盲目地做试题，赶时间，最后那个问题都没有看清楚，自然也就粗心了。比如，试卷上只说选做一题，我们不管三七二十一，挨个儿往下做，最后才发现题的本意，既浪费时间又没有做对。

有时候，我们会感叹，粗心真的害苦了我！我们会因为粗心没带学生证而无法进入校门，返回家中拿学生证而迟到；我们也会因为少写了一个小数点而和及格失之交臂；我们也会因为粗心没有关掉水龙头，而让家中成为"海洋"。

我们有点小迷糊，小糊涂是很可爱的表现，可如果我们一直做事都很粗心，以后是很难成大事的。

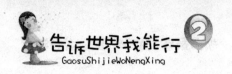

 ## 改正错误／不做"小马虎" ★

我们做事粗心大意，不仅考试成绩不好，也会给自己的生活带来很多困扰。其实，如果我们愿意改正，我们也可以变得很细心的。

用顺口溜提醒自己

我们可以编一个顺口溜，考试前、办事中读一读，时刻提醒自己。比如：细心审题不是忙，一字一句不放松；粗心害人又害己，覆辙重蹈不明智等。而且，顺口溜有一个很重要的好处就是有趣、易记、难忘。

把"有钱难买回头望"作为自己的座右铭

"回头望"就是重复多看，以防止自己犯错。把这句话贴在自己的课桌上，或者是自己每天都可以看得到的地方，时刻提醒自己，慢慢地就可以改掉自己的粗心了。

使用符号表明情况

考试中为了避免自己粗心，我们可以用一些特殊的符号标注一下，比如，极其重要的解题条件或答题要求，我们用"★"来表示；做起来难度不大，或者是没太大把握的，用"?"来表示。

我们使用这些符号，可以引起我们的注意，也方便我们查找。如果考试时间不多了，我们就要尽快地把画了"?"的题目看一看，这样既节省了时间，又不会漏题。

养成检查的习惯

当我们做完作业或是答完卷子的时候，要在心里反复提醒自己：检查要仔细，看题要认真，精神要集中，要把作业做对，卷子答好。这样反复提醒告诫自己，我们就能慢慢养成耐心细致的习惯。

 ## 父母引导／培养孩子做事认真细心的好习惯 ★

孩子做事马虎，粗心大意，一会儿没带钥匙，一会儿忘记带作业，常常也会使家长们抓狂、头疼。更让家长头疼的是，无论怎么管教孩子，孩子就是改不掉这个坏习惯。那家长们怎样才能让孩子做事不再粗心呢？

发现孩子的细心之处并夸奖

家长想要让孩子有一个健康的心理，平时就要多给孩子一些积极的心理暗示。如果家长总是说孩子粗心大意，做事情慢，慢慢地孩子就会形成一种习惯，并认为自己天生就是一个粗心的人。

相反，如果家长多肯定孩子一些细心的举动，慢慢地孩子做事也就没那么粗心了。

和孩子一起找到解决粗心的办法

一个合格的家长，不是一味地责备孩子的粗心，而是耐心地帮助孩子解决问题，并告诉孩子怎么办。比如，孩子因粗心把"搭"写成"塔"了，家长可以找一张硬纸片，剪成许多正方形，然后在卡片上写下的它们各自的意思，比如，"搭"——搭起，"塔"——铁塔。

必要时装傻，可巧治孩子的"粗心"

家长装"傻"，并亲自示范粗心造成的"恶果"，孩子就会重视自己的粗心大意。比如，妈妈做饭的时候，可以故意少放点盐，或者是不放盐，给孩子抱怨自己粗心的机会，让孩子看到粗心的后果。孩子尝到了做事粗心的后果，孩子自然也会改正的。

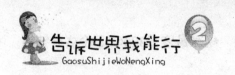

贪玩
——总是无法控制自己的手脚

 经典案例 ★

初二安阳的日记：我没贪玩，是他们叫我的!

也许，贪玩是每个孩子的天性，可是我真的无法改变，即使我真的知道贪玩的危害有多大，可我还是逃不出贪玩的手掌……

我喜欢玩，疯狂地玩，玩篮球、踢足球、打游戏等，只要是让我快乐的，我都喜欢! 一次，我们的老师生病休假了一段时间，那段时间我玩得近乎疯狂。可是好景不长，老师回来之后就通知我们下个星期要考试。我脚下踩着篮球，心想：今天才周一，还有五天，还早呢，怕什么! 于是，考试的前三天我一直都在玩。

周日的时候，我在家写完作业后，就拿起课本大致地翻了翻，并且认为自己不会考得很烂。当我真准备看课本时，楼下传来唤我的声音"安阳，安阳!"接着便听到敲门的声音。

我开门一看，原来是我的几个好哥们儿，他们邀请我去打篮球。看着外边明媚的阳光，我以最快的速度回屋换了球衣，跑到篮球场上。

在篮球场上，我们玩得很快乐。也许是因为我还惦记着考试的事情，开始的时候投篮总是失败。一个哥们儿说："安阳，你把心丢家里了，怎么今天的水平都赶不上菜鸟呀？"被他这么一说，我连最后的愧疚感也没有了，和他们玩得火热。

一眨眼的工夫，我看手表已经是 4 点多了，估计爸爸妈妈这个时候也该回来了。放下篮球和他们说："我们该回去了，等下被我妈发现了，我又该挨批了。"我回到家中的时候，爸爸果然在客厅里坐着，抽着烟，脸色一点都不好看。

"这么长时间，干什么去了？"我原本是想偷偷地溜回自己的房间，却被爸爸叫住了。

"没什么，下去买瓶饮料而已。"

"是吗？"爸爸仿佛看穿了我的谎言一样，斜着眼睛问我。

"是呀。"虽然我很心虚，但是我还要装作很镇定。

"那我在篮球场上看到的是谁呀？而且你买饮料用穿打球衣服出去吗？我不记得你今天早上穿的是这件衣服呀？"

被老爸发现了之后，我自然又是被他狠狠地批评了一顿。可是，能怪我吗？这不是他们来邀请我吗？不和他们出去玩多没面子呀！

认识错误

在强大的学习压力下，娱乐、玩耍可以缓解我们的压力，释放一

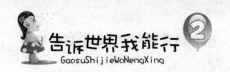
些不良的情绪。可是，如果我们因为玩耍而放弃了学习、吃饭、干活，那就是贪玩。

玩耍的时候，我们会感到自由、快乐，甚至还体验到成功的感觉。我们每个人都喜欢这种感觉，所以我们都抵不住玩的诱惑。当有人邀请我们去打篮球、踢足球、上网，我们大都会不由自主地答应对方，即使我们有很多功课没有做。

有的时候，我们的贪玩也是由于父母的管教过于宽松，只要我们想做的，他们都会给予支持。殊不知，我们因为年少缺乏自律，抵挡不住外界的诱惑而作出一些错误的判断。我们喜欢玩，父母不管教我们，我们没有约束，就越来越管不住自己，喜欢玩。

当我们贪玩的时候，脑海中也会闪过这些念头：

1. 下次还去哪个地方玩，这次我一定要赢了他们。

2. 学习好累呀！玩一会儿，缓解一下心情吧。

3. 时间那么多，玩一会儿也无妨。

4. 他们都玩呢，我也玩一会儿吧。

5. 反正考试题也不会难，先玩一会儿，晚上再复习吧。

当有了玩的念头时，我们总会给自己的玩耍时间设定个时间：一会儿，可是当我们真正玩起来的时候，就不知道这个一会儿有多长了。我们会因为喜欢玩而没有心思去学习，最后可能会讨厌学习。贪玩，说明我们自己的自控能力不够强，也不懂得自律。

改正错误／学会控制自己的手脚，远离贪玩 ★

如果我们一味贪玩，会荒废了自己的学业。我们怎么控制自己过于贪玩的脾性呢？

"一会儿"有个时间限定

通常情况下，家长问我们玩多久，我们都会说："一会儿。"其实，这是个很笼统的概念，它并不是一个时间限定词。我们应该学会给自己玩耍的时间设定一个具体的时间，比如，15分钟、半个小时、一个小时等等。

如果我们一直用"一会儿"为玩耍的时间做限定，那我们玩耍的时间永远都是个未知数。所以，我们玩耍的时间一定要明确。

在规定的时间内玩耍

我们要慢慢养成在规定的时间内玩耍，超过了玩耍的时间，我们就要停止自己玩耍的活动。刚开始的时候，我们是很难做到的。可是，请身边的朋友提醒自己，或者是让父母监督我们，我们就可以做到了。关键是，贵在持之以恒。

把玩耍和学习区分开

我们在玩的时间里尽情玩，学习的时候认真学习，这样才会完美地把学习和玩耍结合在一起。做到这点，就需要我们能够把学习和玩耍区分开，不在学习的时候想着玩，也不在玩的时间内学习。最好给自己规定什么时间段玩，什么时间段学习。

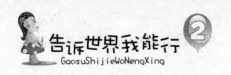
在学习中寻找乐趣

我们贪玩可能是因为感觉学习枯燥，压力过大，在学习中找不到乐趣。那针对这种情况，我们就要学会从学习中寻找乐趣，或者是多读一些有趣味性的书籍，让自己感觉学习并不是一件枯燥的事情。

当我们对学习感兴趣了之后，自然就不会像之前那么贪玩了。

 ## 父母引导／帮助孩子改掉爱玩耍的坏习惯

看着孩子越来越喜欢玩，做其他的事情不积极，每位家长心里都会焦急。如果家长对其一味责骂和惩罚，就可能会引起孩子叛逆。所以，对于贪玩的孩子，家长们不能表现得过于急躁，需要一步一步地引导孩子。

以诱人的玩乐计划刺激贪玩的孩子

爱玩是每个孩子的天性，因此可以制定一个诱人的玩乐计划刺激贪玩的孩子，如果孩子想要去玩，那他们就要付出一些努力，比如，认真完成假期作业；帮忙做家务等。这样也可以慢慢减少孩子外出玩耍的时间。

当然，在制定计划的时候，家长最好加重一点难度。如果孩子很容易做到，那也就没什么效果了。

家长学会以玩制玩巧引导

家长也可以让自己的孩子管教他的弟弟妹妹，让孩子充当老师和家长的角色，在玩耍的过程中，让自己的孩子学会克己，不再那么贪玩。

给孩子制定一个弹性玩耍时间

如果孩子外出玩耍回来不想写作业，那家长就应该制定一个富有弹性的玩耍时间，比如，如果孩子完成了学习任务，那就可以多出去玩一会儿。如果孩子没有完成学习任务，那不让他们出去玩耍。时间久了，孩子就会合理地安排自己的时间了，不再那么贪玩了。

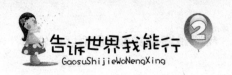

24

厌学
——学习这些课本知识到底有什么用啊

 经典案例 ★

16岁若菱自诉：学校没有一点乐趣，凭什么要我去上学！

我讨厌上学，恨上学，我发誓：从今天开始我不会去学校一天。

明天是我们同学参加一个歌咏的比赛，已经是在最关键的时刻了，我很想去看他们的比赛，而且也说好了，我会去为他们加油的。妈妈知道这件事情后，把我臭骂了一顿。

我累了一个月了，请假去看同学比赛放松一下不过分吧。好的，可是你们拒绝了。反正我的成绩也是全年级倒数第二名了，也没有任何学习的动力了，上不上课都无所谓了。

我在学校里根本感觉不到一点快乐，每天不停地上课、放学，枯燥的过程中，我们能学到什么东西呢？还不如早点到社会上去锻炼一下呢，至少还可以看看这个社会有多么残酷。我就不相信这么大的社会会没有我的容身之处，没有一份工作可以养活我自己。

我发誓，我明天就不去学校了。我对学习不感兴趣，没有热情。在学校里我找不到任何的乐趣。我宁愿一辈子做个平凡的小老百姓，也不愿意去上学。我已经快成年了，我能够决定自己以后的人生了。

妈妈和老师一个样子，讨厌学校！

于梦是初中二年级的学生，成绩在班里还行，不少老师很喜欢她。可是最近她却说尽了谎话，只为不去上学。

一次上课的时候，于梦因为写作业写得太晚，在课堂上睡着了。老师发现之后，让她写检查，她觉得自己很委屈，回家就对妈妈诉苦："老师一点都不通情达理，我都解释清楚了还要惩罚我，再说我也不是因为学习吗？讨厌死了！"

"那也是你不对，学生应该在课堂上好好听课，不管你有什么理由。"

"可是我这也不是因为学习吗？我都承认错误了，他还不依不饶的。"于梦很不开心。

"在课堂上睡觉就是你不对，做错就应该接受惩罚，昨晚我不是也提醒你了吗？要早点睡……"听着妈妈无休止的唠叨，于梦使劲地关上了自己房门。

晚上，于梦看着外面皎洁的月光，伤心地在日记中写道："不知道为什么，妈妈和老师的想法是一样的，妈妈越来越像我们老师的跟班了，讨厌的学校。唉！这个世界谁来理解我呢？"

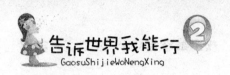

 认识错误 ★

我们不喜欢上学的原因很简单——没意思。这个年龄段的我们渴望自由、渴望幸福、渴望爱情、渴望有我们自己想要的生活……

因为平时书读得"多"了，让我们了解到丁俊晖，知道了韩寒这个人，甚至是崇拜比尔·盖茨。而这三个人都没上完学，可他们成功了。如果没有家长、老师督导，我们很有可能就去干自己喜欢干的事了，赚钱、当明星、宅在家写作等等。

其实，能有这样的想法是好的，起码我们懂得思考以后的人生了，可是我们以此而不愿意去上学、逃课，那就是我们的不对了。

虽然我们学习的文化知识很枯燥，有时候会觉得很没用。但是，我们多学习一些文化知识有助于我们的健康成长。如果我们过早地弃学到社会上去闯荡，因为认知度不高，知识水平低，会被一些别有用心的人利用，甚至是被不法分子所欺骗。

如果我们只拿着一张小学文凭在社会上闯荡，没有一点技能，只会被他人瞧不起，而我们也只能从事那些劳苦，工资不高的低层工作。即使我们有机会成功，我们也会因为没有文凭和科学知识，在探索的路上受到层层阻碍，很难走向成功。

那我们为什么会厌学呢？

1. 我们没有远大的理想，在学校"混"日子，当被老师和家长训斥的时候，容易产生不想上学的想法。

2. 成绩不好，同学们看不起，老师奚落，失去了继续奋斗的信心。

3. 适应能力比较差，面对初中五花八门的课程感到紧张。住校生会因为离开父母，对这样的生活不适应，极有可能会因为想念父母，与同学们相处不好而有辍学的念头。

4. 对哪个学科都不感兴趣，对哪个老师都不过敏。

5. 抵挡不住外界的诱惑，盲目地攀比，致使学习成绩越来越差，最后也就不愿意学习，也不愿意上课了。

改正错误／坚持把书读完

在这个高科技发展的时代里，没有文化知识是可怕的，没有技能是寸步难行的。因此，我们要改变厌学的态度，好好读书。

假期去打工，体验生活

如果我们厌倦了学校枯燥的生活，认为不上学会更有前途，我们也可以利用假期去打工。在找工作的时候，我们可以体验一下找工作的辛苦以及工作后的苦和累。

只有我们尝试过没文凭、没知识，在这个社会上有多难生存，我们才会彻底地打消自己不想上学的念头。

不要一味地相信身边人的"读书无用论"

"上学有什么用呀？大学生还不是照样找不到工作。"相信我们都曾听身边的一些人这样说过。其实，这句话是错的。虽然现在的大学生遍地都是，虽然他们也有可能找不到工作，但他们有文凭，有知识，有和其他人竞争的实力。而我们如果不上初中，那我们就什么都没有。

的确，如果我们有能力总会成功的。但我们也应该清楚，并不是

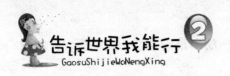
每个老板都是伯乐，换句话说，即使我们是千里马，那也要通过嘶叫来引起伯乐的注意。我们连"嘶叫"都没有，凭什么会让伯乐发现我们呢？所以我们不要相信别人的"读书无用论"，文凭和科学知识都是很重要的。

反省一下自己，为什么不想上学

我们不想上学的原因有很多种，也许是因为我们成绩不好，也许是因为我们和同学相处不和谐，也许是因为我们的压力太大等。

我们应该确定自己为什么不想上学，为什么厌学，这样才可以对症下药，从而走出厌学的情绪。

 ## 父母引导／让孩子喜欢上学习 ★

每个家长都希望自己的孩子能够有出息，成绩好。可是如果有一天，他回来对家长说，他再也不想去上课了，家长该怎么办呢？

让孩子感受到爱和被关注的感觉

每个人都有爱和归属以及自我实现的需要，初中生也不例外。他们大多数时间都在学习，如果家长在学习上能够满足孩子这些，孩子自然也就不会有厌学的情绪了。

如果父母不断地在学习上表扬和鼓励孩子，孩子就会认为学习是一件非常好的事情，因为自己可以得到赞美。

关注孩子学习的过程，而不是成绩

实际上，很多孩子都不知道学习是为了什么，也不知道学习有什么意义，如果家长一味强调他们的成绩，他们会因成绩不好，得不到家长的肯定而产生厌学的情绪。所以，家长们应该多关注孩子学习的过程，对于他们进步的表现及时给以肯定，孩子也就不会讨厌上学了。

不要给孩子太大的压力

在教育厌学的初中生时，家长应该考虑到他们在这个年龄段容易叛逆的特性。这个时期的孩子都会和父母对着干，所以家长平时就不要给孩子太大的压力，尤其是不能拿自己的孩子与其他成绩好的孩子相比，这样孩子的厌学情绪会越来越重。

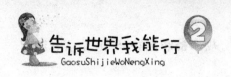

25

作弊

——考试不想那么低分，做事情就想投机取巧

经典案例

初一于晓的日记：惊心动魄的考试

每次进考场都会有一种"风萧萧兮易水寒，壮士一去兮不复返"的感觉，好不容易考完后又"横眉冷对老班指"，回家更是"父为刀俎，我为鱼肉"！但是，这次情况却不同了。因为，我要作弊！

为了洗刷之前的种种"羞辱"，我搭上了自己半个月的生活费，成功地拉拢了班上一位作弊高手。

"还有 5 分钟就要考试了，请同学们马上找准自己的座位……"我今天心情很好，听到这"催命符"般的广播也倍感亲切。我昂首挺胸地走进考场，那春风得意的样子确实把同学们吓了一大跳，不过也没办法，谁让我提前做好了准备呢！哈哈！

考试的时候，我匆匆地做完选择题，没做任何详细的考虑，希望瞎猫可以碰上死耗子吧！我和我们班的那位"高手"坐得很近，嘿嘿，连老天都帮我，天助我也！我使劲地咳嗽了一声，想唤起"高手"的注意。

这一个咳嗽不要紧，"高手"没有反应，监考老师反倒是朝我这边看过来了，我忙拿起笔在演算纸上胡乱写一些公式。眼看着老师的脚步声离我越来越近……我的手心捏出了汗，不停地乱画着，动都不敢动一下。

"把你的东西给我拿出来，快点！"

就在我正准备解释的时候，我后面的一位同学把书递给了老师。噢……原来不是我，我松了口气，继续看那些我啃不动的难题。我苦思冥想的时候，一个笔筒飞到了我桌子上，我偷偷地看向那位"高手"，他正打着"OK"手势。

我悄悄地拿起那个笔筒，准备看里面的答案时，"考试有那么可怕吗？你们打小抄的那些手段，我小学三年级就用过了，你们以为能骗过我吗？"监考老师又在讲台上不断地警告我们。

我看着那个没来得及拆开的笔筒，心里七上八下的，总是感觉老师在看着我，说的人就是我，我犹豫了很久，都不敢打开那个笔筒。好不容易等到考试结束的铃声响了，我如释重负地把那个笔筒扔了。

在回家的时候，我想：做个弊也真够刺激的！

 **认识错误**

━━━━━━━━━━━━━━━━━━━━━━━━━━━━━━━━━━ ★

我们每个人差不多都做过弊、打过小抄，即使考试的时候没有做过弊，那也抄过别人的作业。虽然这样可以解我们一时的燃眉之急，

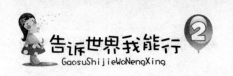

但却不能从根本上帮我们解决问题。因为，总有"东窗事发"的时候。

如果我们每次考试都作弊的话，我们就不能知道自己究竟学到了一个什么程度，也就达不到考试的真正意义了。也就是说，作弊本身是对自己的一种不负责任的行为。

而且，作弊被老师发现了之后，老师就不会再信任我们，对我们也会有看法。重要的是，在一些关键性的考试中作弊被发现后，还会被取消考试资格。当然，我们也会被其他同学所看不起，从而没有人愿意和我们交朋友。

喜欢考试作弊，可能是因为我们把自己的分数看得太重了，"分、分、分，学生的命根！"如果我们成绩好就可以上光荣榜，受到老师表扬、同学们羡慕、家长们喜欢。

"别人都作弊，对我不公平，我也作弊！"如果我们周围的同学都在作弊，并以此取得了较好的成绩，那我们也会效仿他们作弊。因为，这时我们心里会感觉不公平，踏踏实实的学习、考试，有时候也会失误，而作弊却能换来好的成绩，何乐而不为呢？

当然，有时候也是因为我们本身含有一种喜欢不劳而获的懒惰心理。平时不喜欢上课，不认真听讲，却期望考试的时候可以通过抄袭别人的，让自己"考"个好成绩。

每次作弊的时候，我们都会有一种侥幸心理，也不停地和自己说这是最后一次了，但却永远都有下次。这是因为我们尝到了作弊的好处，并一直认为自己是最幸运的，不会被老师发现。所以，我们就习惯了作弊。

改正错误／不投机，不作弊

作弊是一个很不好的行为，那我们怎样改正这个坏习惯呢？

塑造自己诚信、强大的自我意识

我们初中生要学会正确地认识和评价自己，也就是说，我们既要看到自己的不足，也要看到自己的长处，不要盲目地为了名誉和老师的赞扬、同学的羡慕，去做一些骗人的事情。平时认真学习，考前好好复习，这样才能做到笑对考场，而不用去作弊。

不要把考试看得太重了

如果我们把考试看得太重了，势必会有压力，会认为考试是我们的一种负担。其实，考试并没有我们想象得那么重要，它只是一种检测自己对知识掌握的手段，而老师的表扬、父母的夸耀，都是激励我们继续努力的一种方式。

所以，我们不要把考试看得太重了，以平常心对待就可以了。

别人是别人，我们是我们，不要盲目地追从

的确，当其他同学通过作弊取得好成绩的时候，对于我们没有作弊的人来说，是很不公平。可是，我们应该明白，别人永远都是别人，我们做事情应该坚持自己的原则。虽然很多事情对我们不公平，但作弊的人总有一天会被老师发现的，而我们踏踏实实地学习，也总会有一天取得好成绩的。

所以，我们没有必要学着别人作弊，只有对自己没信心的人才会愚蠢地作弊。

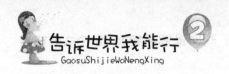

父母引导／培养孩子求真务实的好品格

孩子考试作弊不仅是一种造假行为，最后还有可能让孩子学会撒谎，甚至是做人不守信用。面对初中生的作弊行为，家长应该配合学校的老师，帮助孩子改正。

考试的时候，不要给孩子太大的压力

孩子可能会因为父母给予的压力过大，自己无法达到而选择在考试中投机取巧，抄袭别人的考题，或者是作弊。所以，家长平时不要给孩子太大的压力。只有孩子肯努力，愿意学习就可以了，没有必要规定孩子必须考到什么程度。

不要惩罚没有及格的孩子

起初，孩子想法单纯，不会主动去作弊。可是，当孩子第一次考试不及格的时候，家长对他们施加惩罚，他们会认真地学习。但如果下次他们还是没有及格，而家长又惩罚了他们时，他们对于考试就会有一种恐惧抵触心理。

为了不被惩罚，他们会想办法使自己及格，而这时想出的办法大多都是作弊的手段和方法。所以，当考试失败的时候，家长不要忙着批评惩罚孩子，而是要帮助孩子找出原因，从而使孩子下次考试能够取得成功。

26

偷窃
——总想不劳而获地去得到某些东西

经典案例 ★

初中生自诉：偷钱只为了买游戏点卡

升入初中后，我就和自己的一帮哥们儿迷上了网络游戏，花在游戏上的钱远远地超过了我们的零用钱。为了玩游戏，我们甚至都会把吃饭的钱省出来。

有一次，我们在网吧玩游戏，被我爸爸发现了。之后，我爸爸为了控制我花钱玩游戏，就把每个月的生活费分4次给我，每次只给我100元。这样我除了吃饭、买生活用品，就没钱玩游戏了。

最近网上推出了一款新游戏，哥们儿玩得很爽，我抵不住诱惑也就加入到他们的队伍中去了。为了在游戏中"出人头地"，我需要买很多点卡和武器装备。开始的时候，我把吃饭的钱全部都用来玩游戏了，后来发现钱还不是够用，就从同学们那里借了点。

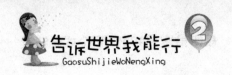

可恶的是，游戏中的那个"对手"不断更新他的武器装备，把我打得"落花流水"，这让我在哥们儿面前有点抬不起头来。为了挽回自己的面子，我发誓一定要打败他。可是，我已经没有钱再买装备了。

一天中午，我请假在宿舍睡觉，看见同学李耀把钱放在枕头下边就出去了。于是，我就偷偷拿了他的钱，然后去买了游戏装备。当我为自己打败了对手而欢呼时，我"拿钱"的事也被老师发现了。

其实，我并不是要故意"拿钱"的，只是为了买游戏点卡而已。

15 岁池慕的日记：为什么我总是控制不住要偷东西呢？

今天的天气很好，可我的心情一点也不好，因为"东窗事发"了，我的父母被班主任请到学校，而我可能不能继续在这里学习了。

昨天上体育课回来，我看见同桌的手机在桌子上，粉红色的外壳，上面还有一个可爱的挂链，我心动了。我看着班里只有我自己，我就迅速地把手机放在我的书包里了，像平常一样和同桌打招呼。

当同桌找不到手机焦急地哭了时，我也很内疚，但那种感觉只是一闪而过。很快，老师用排除法，就找到了真元凶——我。

其实，这不是我第一次偷东西了。我的家境很好，我从来都不缺什么，爸爸妈妈也都很宠爱我，只要我想要的，他们都会满足我。可是，不知道为什么，我还是喜欢偷别人的东西。开始的时候，我喜欢别人的圆珠笔，我拿回了家；喜欢别人的卡通书，我拿回了家；我喜欢别人的铅笔盒，我拿回了家……

每次把这些东西拿回家的时候，我都会放在一个小盒子里，看着我拿回来的这些东西，我有一种满足感和成就感。

想想，这些年我偷过的东西，大概五六千元了吧，我也很讨厌自己这样做，可是我总是控制不住自己，控制不住自己去偷东西，唉！

认识错误

也许刚开始的时候，我们并不想偷东西，而看到好玩、好看的，觉得比较新鲜，自己特别喜欢，于是就把它带回家了。但是，不经主人的允许而拿对方的东西，事后也不归还，这就是偷。偷是一种从别人那里获得自己想要的东西的不正确方式。

我们之所以去拿或者偷别人的东西，有时候单纯就是寻求刺激、冒险，或者因为爸爸妈妈无法满足我们上网、玩游戏、买衣服、买化妆品等要求，我们就用自己的方式来解决。或者，我们也会迫于同伴的压力而参与到偷窃的活动中，尤其是商店和超市中，顺手牵羊会被同伴认为是有胆量、很勇敢的人，得手后，我们就会体验到一种成就感，认为这是一种很刺激，很好玩的游戏……

可能大部分人认为只要不偷钱，也不偷很贵重的东西都不是什么大事。但事实是，无论我们偷的东西值不值钱，都是一种犯罪行为，令别人瞧不起，遭人唾弃的行为。

要想人不知，除非己莫为。当我们偷东西被人们发现，爸爸妈妈开始不信任我们，对我们很失望，同学们会看不起，失去和同学交朋友的机会。严重的话，我们会被学校劝退，甚至是被警察带走进监狱。

而且从此以后，我们就是别人的口中的"小偷"了。戴上这顶"小偷"的帽子，我们的形象就会变坏，人们总是防着我们，谁也不会再信任我们了。

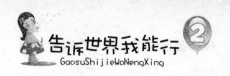

改正错误/
学会控制住自己的手脚，不要再偷别人的东西！
★

俗话说，"小时偷针，大时偷金"，认为小时候如果不制止偷窃的行为，长大后我们就可能变本加厉。所以我们应该从小就控制自己，不要随便拿别人的东西，更不要去偷东西。

多了解一些有关偷窃者的后果

不少人法律意识淡薄，觉得自己不是偷，而只是拿。这种想法往往会成为我们纵容自己的借口。未经允许拿人钱财就是偷窃，严重时，甚至可能会被判刑。

我们可以在网上或书籍中查看一些偷窃者的最后结局，并以他们的结局为戒，时刻提醒自己，警示自己。或者多了解一些犯了偷窃罪的相关法律，也会让自己对偷窃行为产生恐惧感，慢慢地自己想要偷别人东西的念头就会打消。

为自己准备一根橡皮筋，想要偷东西时，就使劲地弹自己

每次有偷东西的冲动时，都用橡皮筋狠狠地弹自己的手背，这也是著名的心理治疗"橡圈厌恶疗法"。在这种疼痛感的刺激下，我们偷东西的欲望就会减少。经过一段时间，我们的"偷窃"欲望会慢慢地消失。

如果需要用钱，就和父母好好沟通

如果家庭并不富有，爸爸妈妈可能无力满足我们那些过高的需求，比如打游戏或者买名牌衣服。因而我们可能走上偷东西的歧途。

所以，如果我们真的很需要钱，我们就应该和父母好好沟通，在

获得理解的基础上，从父母那里合理地拿到钱。如果爸爸妈妈实在不能提供，那我们应该思考一下自己的要求是不是过高了。爸爸妈妈挣钱养家也很辛苦，我们应该体谅他们的难处。尽量提一些合理的要求。总之，我们想要的东西都应该想办法，努力通过正规的渠道获得。

父母引导／让孩子对财物"取之有道"

初中生偷东西，确实是一件令人担忧的事情。如果父母不好好处理孩子偷东西的这个坏习惯，孩子长大后很有可能会走向犯罪的道路。

不能忽视孩子第一次拿别人的东西

每个孩子偷东西都是从拿别人很小的东西开始的，家长们千万不要因为孩子是第一次拿别人的东西，东西很小，就不给予及时引导。时间久了，孩子就养成了随手拿别人东西的习惯了，最后演变成了偷。

家长要经常对孩子讲偷东西的坏处

孩子大胆偷东西，源于他们对偷东西的危害认识不够。日常生活中，家长要多对孩子讲偷东西的坏处。虽然这样不能改掉孩子偷东西的坏毛病，但是可以起到预防作用。

杜绝孩子占小便宜的行为

喜欢占点小便宜，不劳而获，也是孩子喜欢偷东西的一个原因所在。家长应该从小就教育孩子做事要脚踏实地，不贪图便宜的好习惯。如果孩子占了别人的便宜，家长一定要及时予以纠正，在这方面绝不纵容孩子。

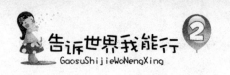

邋遢
——我就是不想整理自己的房间

其实我很干净，只是床铺有点乱而已！

初二的楚夜是学校里有名的帅哥，在同学们面前永远都是一个干净利索的人，所以，学校里的很多女生都爱慕他。

楚夜的父母经常出差，初一下半学期他就搬到学校住了，周六、周日的时候回家一次。最初，他很喜欢这种没有人管自己几点睡觉，什么时候洗澡的自由生活。可是时间久了，最初的自由被生活中的一些细节事情所代替了，他开始想念在家的生活了。

楚夜从小就没有洗过衣服，也没有整理过房间，他生活的所有事情都是妈妈打理的。在学校的生活中，他的衣服脏了就扔在床上，换洗好的衣服，实在是没衣服可换了，他就让妈妈来拿衣服回家洗。他的床铺上永远都是乱七八糟的，衣服、袜子、书本、吃过的零食……怎一个

"乱"字了得！

从住校开始，楚夜从一个阳光型的帅哥变成了一个邋遢大王，和他同宿舍的男生都知道他有多么邋遢。

一次，老师和教务处的领导检查卫生，看见楚夜的床铺都感到很惊奇。由于楚夜的床铺过于凌乱，他们宿舍也被评为"最不讲卫生"的宿舍，他也很荣幸地上了"光荣榜"。以后，全校的学生都知道楚夜只是个外表很干净而实际上却很邋遢的人。

当天晚上，楚夜很委屈地给妈妈打电话说："妈，其实我不是很不爱干净，只是宿舍的床铺有点乱而已。"

认识错误 ★

生活中，不拘小节、大大咧咧是一种好性格，但是不讲卫生，不喜欢打理自己的房间和床铺，那就是太邋遢了。

很多男生都认为说话粗声粗气，不修边幅是男子汉的标志，还觉得这样才够男人，有"男人味"。于是，他们把衣服穿戴得乱七八糟，衣服和裤子都是皱皱巴巴，油渍斑斑的；床上堆放的像个"杂货铺"，床下比动物世界还丰富；身上的气味可以用来"镇妖"……

另外，不少人之所以邋遢完全是因为懒，想着"小时候，我妈可以帮助我打理，长大后，我有钱了可以请个保姆"。在这样的想法下，我们可能长期放任自己不打理房间，不洗澡换衣服。

很少有人愿意和一个身上是臭汗味、衣服脏的不换洗的人玩耍。对我们这类"邋遢帝"，同寝室的同学想必都有一堆意见，尤其当我们

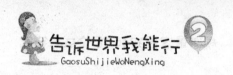
不断乱扔，别人还要不停收拾的时候，他们对我们的意见就更大了。所以，如果我们很邋遢，那同学就不愿意和我们交往。

如果我们住校，不注意自己的个人卫生，不整理自己的床铺，东西乱放，也会拖班级的后腿，为自己的班主任脸上抹黑。当然，我们自己也会受到老师的批评。在全校师生面前批评我们不爱干净，不注意卫生，对于即将成年的我们来说多丢人呀！

而且，我们过于邋遢，不注重自己的个人卫生，还容易患上一些生理疾病。比如，感染上痢疾细菌，或者皮肤上起疹子等等。

改正错误／从现在起，我们做个爱干净的人 ★

过于邋遢，会让其他人避我们远之，那我们该怎么办呢？

学会自己动手整理房间

我们应该从小养成自己的事情自己做的习惯，也许我们在初中、高中的时候可以依赖父母，那大学呢？所以，我们要学会整理自己的房间，每天进步一点点。

比如，今天把被子叠得很整齐，明天把自己的衣服都叠好后放在衣柜里，一直这样坚持下去，慢慢的我们也就不会邋遢了。

每天坚持洗脚

对于这一点来说，女生一般是完全可以做到的，而男生就难说了。因为男生总觉得很麻烦。长时间不洗脚，不仅会导致脚臭难闻，还会引起脚气。

所以，我们一定要注意脚部卫生的护理，坚持每天都洗脚，这样可以促进我们脚部的血液循环，对提高睡眠质量和促进身体健康都有好处。

勤换洗衣服

如果我们的衣服上满是污渍，甚至还皱巴巴的，那在别人的眼里我们一定是一个邋遢的人。所以，衣服脏了之后，我们一定要脱下来换洗。

另外，同一件衣服不能长时间穿，尤其是夏天，即便看不见脏，但汗味等还是会有，应该勤换洗。

勤洗澡

勤洗澡很重要，尤其是上完体育课、打完篮球、踢完足球的时候更要及时洗澡。因为这些运动都会使我们出大量的汗，如果不及时洗掉，汗水会附着在我们的身体上形成难闻的气味。洗过澡，身体清爽了，人也干净了，睡眠也会好。

父母引导／培养孩子讲卫生的好习惯

"我说过多少次了？衣服脏了要换下来，要……不要……"身为父母，也经常对不爱干净的孩子这样说，尽管不停地提醒或警告，孩子依然我行我素，究竟怎样才能使孩子爱干净呢？

让孩子意识到讲卫生的重要性

孩子不爱干净，因为他们觉得干净不干净都无所谓，只要不影响到他们就可以了。为此，家长最好先让孩子意识到讲卫生的重要性，比如，通过谈话或者是让孩子观看下一些书籍和影碟，让孩子慢慢了解，然后家长再给予正确的引导。

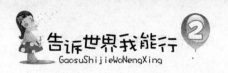
想要改变孩子，那就先改变自己

如果家长无法以身作则，怎么教育孩子呢？家长可以和孩子一起改正不爱干净的坏习惯，比如，家长和孩子互相监督，看谁没有及时换洗衣服；和孩子比赛，看谁的房间整理的好，等等。

许多卫生习惯要明确地对孩子提出

家长不要纵容孩子一次、两次，不洗手就吃饭，不刷牙就上学的坏毛病。有了第一次，就会有第二次，有了第二次就会有第三次……所以，一些行为习惯，家长要明确地对孩子提出来，并且要求孩子做到，不开"后门"。

让孩子管理自己的房间

如果什么都替孩子做好了，他自己什么都不会做，只能任自己邋遢了。孩子既然有独立的房间，那就给孩子管理自己房间的自主权。所谓管理自主权，不仅指使用空间，还指维护整洁。

事先家长要对孩子讲明，然后，平时可以温柔地提醒他整理房间。注意，房间的脏乱差是孩子自己造成的，一定要让他自己去解决。

强迫症
——我是不是出门忘记锁门了

经典案例

★

我的"特别"行为——检查水龙头

16 岁的安晴近半年来时常失眠。而且，睡前她总是要检查家里的水龙头关好了没有。这个行为从每晚检查两次，到每半个小时检查一次，最近每 10 分钟她就要检查一次。

安晴的睡眠时间少，质量又不好了，几乎每天都是顶着熊猫眼去上学，上课时常打哈欠。

"安晴，听课能不能认真点，马上就要中考了，你这样的学习态度可不行，没准以后连个普通高中都考不上。"回家的路上，安晴想着老师说的话，无奈地哭了。

一回家，安晴就告诉妈妈："我困了，想去睡觉，就不吃了。"

5 分钟后安晴在房间里对妈妈大喊："妈，我听到滴水的声音了，

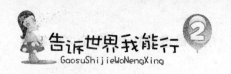
你没拧紧水龙头吧。"

"我关了，你安心睡觉吧。"

"妈，你确定一下，我明明听到滴水的声音了。"安晴还是不相信妈妈的话。"我刚刚去看了，关了，你睡觉吧。"

"算了，我还是自己去看一下吧。"说着，安晴就跑到厨房自己检查了一遍，确定水龙头拧紧了之后，她才回去。可是，没过5分钟她又检查了一遍。这样来来回回几次后，她已经没有任何睡意了。

安晴在日记里这样写道："有时候，这样我也感觉很别扭。可是，如果我不去检查水龙头有没有关紧，我就会特别难受。即使我已经睡着了，只要我的脑海里有这个意识，我也会强迫自己去检查，我也不知道自己怎么了？"

 ## 认识错误

我们做事情认真小心谨慎、追求完美，对于提高成绩，完善自己是非常有利的。可是，我们如果过度认真小心谨慎，过高要求自己，对自己做过的事情反复地检查、核对，慢慢地我们就可能会有强迫症的倾向。

很多时候，我们无论是在考试还是做作业，每做完一道题，写完一个字都要反复检查对错，并且一道题检查不下三次，不然我们心里就不踏实。甚至，我们明明知道自己是正确的，我们还是控制不住想去核实。

以前，我们都非常希望放假，希望过年过节，但是我们现在却因过年过节而烦恼了。我们原有很固定的学习生活被打破了，我们会强烈地感觉不适应。而面对中考、假期作业、补习班等等，我们不得不强迫自己去学习，久而久之，我们也会有强迫症的倾向。

日常生活中，我们有时候见到路灯、电线杆、台阶，都会控制不住反复地数；睡觉前，不停地检查作业是否完成；出门后总担心自己没有锁门，不停地返回来检查……

为什么我们会患有强迫症呢？

1. 家长对我们管教得特别严厉，处处都要求我们循规蹈矩。因此，我们无论做什么事情都小心谨慎，生怕犯了错误。久而久之，我们就有强迫的倾向了。

2. 家长过分地赞扬了我们的检查行为，比如，妈妈说："我儿子真听话，一道数学题检查三遍，真棒！"在妈妈这样的赞扬下，我们也会觉得这样做是对的。长期强迫自己形成这种习惯，我们也就患有强迫症了。

患上强迫症，我们的身心会感到非常疲惫，因为明知道有些想法或者行为根本毫无意义，我们还是会忍不住去想、去做。比如，我们可能会花一个小时去检查是否锁了门，或者花一早晨时间反复洗手。这不但浪费了时间，还会让我们变得焦躁、沮丧。长此以往，我们很容易抑郁。

 ## 改正错误／走出强迫症的痛苦

我们都知道患上强迫症，或者是强迫自己反复地做一些事情是不

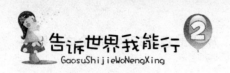

好的，那我们该怎样从强迫症中走出来呢？

正确认识强迫症

强迫症本身就是自己心理的自相搏斗。要从强迫症中走出来，关键是要对其有个正确的认识，从而以自己的个人意志战胜这种恐惧心理。为此，我们要多了解一些强迫症的知识，并且积极主动地进行自我调节。

克服自己过于敏感或好胜的心理

反复洗手、反复检查门窗是否锁好等症状只是我们患有强迫症的表象。在这些行为的背后，还有更深刻的心理原因，比如恐惧疾病，或者害怕犯错，或者追求完美。

所以我们想要从强迫症中走出来，我们就要克服自己敏感、争强好胜的心理。有时候，如果我们换个角度去思考，也许很多事情都会有转机。

不做完美主义者

这个世界上并没有十全十美的人和事，只要努力了、争取了，就是最棒的。我们在学习和生活中要允许自己犯错误，对自己的要求也不要那么太苛刻。过于追求完美，很有可能会适得其反。所以，我们做好真实的自己就最好了。

若陷入强迫行为，就做感兴趣的事或听音乐

当我们反复思考或者是做一件事情的时候，我们的思维就会变得很专注，这时我们要做的就是转移自己的注意力。比如，我们总是不放心家里的煤气关了没有时，我们就听听音乐，或者是做一些自己感兴趣的事。这时，我们集中的注意力就会被分散，自己也就没那么痛

苦了。

学会放松自己

我们可以采用呼吸放松法，来平息自己心中的焦躁不安。用鼻子轻轻地吸气，然后再呼出来，这样也会使自己放松不少。而这招对于失眠的人非常管用，有利于缓解我们一天的紧张与疲劳。

 ## 父母引导／帮助孩子走出强迫的阴影

看着孩子反反复复地做一件事情，甚至是失眠、学习成绩下降，每位家长都会很焦急。那该怎样帮助孩子走出强迫的阴影呢？

不强求孩子每件事情都做得完美

孩子偶尔做错了一点事情，犯了点错误也是情有可原的。家长们不要苛求孩子做事完美，或对孩子的一点小错小题大做，上纲上线。尤其是孩子患有强迫症后，家长更应该适度放宽对孩子的要求，为他减压。

采用反应阻止法

当孩子每天都要检查自己的房门关好了没有时，家长可以故意把房门打开，孩子势必会去关门，当他去关门的时候，家长要坚定地阻止他关门的行为反应。这样多重复几遍之后，孩子的强迫行为就会减轻了。

教会孩子使用思维中断法

对于患有强迫症的孩子，家长可以告诉他，当自己的强迫观念出现时，马上就要对自己大喝一声：停！从而终止强迫观念的继续发展。如果是在公共场合，家长也可以告诉孩子，试着深呼吸，或者是用自己的右手掐自己的左手。这样都可以中断孩子的强迫观念。

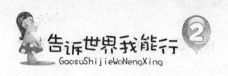

缺乏主见

——我总是作不了决定

经典案例

"我以后就当我哥一辈子的跟屁虫！"

余江今年13岁了，从小和哥哥一起玩到大，并习惯了听从哥哥的安排，任何事情都唯哥哥马首是瞻。

五一假期的时候，妈妈问余江："你想到哪里去玩？妈妈有时间带你去。"余江想了想对妈妈说："哥去哪里玩，我就去哪里玩，反正哥哥也很会玩，这件事情等哥哥回来再拿主意吧。"

"那你没有想去的地方吗？"妈妈不满意余江的答案。

"没有，这种事情我平时都习惯问我哥。妈，我真的不知道要去哪里玩，快去做饭吧，我饿了。"说完，余江就把妈妈推进厨房里了。

第二天，余江起床后找了一圈都没有发现哥哥，他闷闷不乐坐在沙发上说："妈，我哥干吗去了？怎么这么早就不见人影了。"

"你哥回学校拿书去了，怎么了？"妈妈很疑惑为什么他没事总是围着他哥转。

"我哥说好带我去打篮球的，现在他却自己跑出去了，不仗义。"余江生气地嘟囔着。

"你哥这不是一会儿就回来了吗？你可以自己先出去玩呀？"

"不要，我要等他回来，因为我还没有确定和谁一起玩呢？"

"你自己不知道要和谁一起玩吗？"妈妈问。

"不知道，以前这事都是哥搞定，我只管玩就可以了。嘿嘿，妈，哥对我好吧？"余江笑着说。

"你一点主见都没有，这怎么行呢？"妈妈很生气地对余江说。

"怕什么！我有我哥呢？我以后就当我哥一辈子的跟屁虫！"

 ## 认识错误

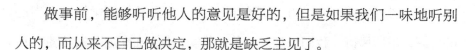

做事前，能够听听他人的意见是好的，但是如果我们一味地听别人的，而从来不自己做决定，那就是缺乏主见了。

做事没主见、犹豫不决，大都是因为在后天环境中形成的。很小的时候，我们从来都不用自己做决定。爸爸妈妈总会帮我们决定好，穿什么，吃什么，去哪里。于是我们就形成了一种"听话"的习惯，爸爸妈妈说什么就是什么，听他们的。

因此，我们可能常常这么说："不知道，妈妈会帮我拿主意的。""随便吧，我去什么地方玩都可以。""我不知道该怎么做，等爸爸回来了，我问他吧。""妈妈，我可以出去玩吗？""爸爸要我考哪个高中，

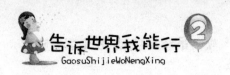
我就考哪个好了。"

　　当然，有时候做事没主见是因为害怕犯错误，不敢作决定。比如，我们常常因为没达到要求而受到责骂和批评，从未受到过认可。时间一久，我们自然没有信心了，也不敢再拿什么主意了。由于事事都要请示父母，慢慢地我们做事也会没有主见。

　　虽然大人喜欢乖乖听话的孩子，但是，过度听话未必是件好事。大人也并不喜欢缺乏自信，没有主见的人。

　　如果我们是个没有主见的人，那就很容易随波逐流，不能为自己的人生做主，关键是我们会渐渐地丧失了独立自主的意识。因为缺乏主见，我们也容易随大流。如果我们随的是一群问题学生的大流，我们很容易走上犯罪的道路。

 ## 改正错误／改掉自己遇事没主见的坏习惯 ★

　　我们都希望自己的人生自己能够做主。看到其他同学做事有自己的见解，雷厉风行，我们也都很羡慕。其实，做到他们那样并不难，只要我们做事有主见、果断就可以了。

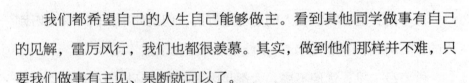
大胆地为自己的事情作决定

　　如果是我们自己的事情，那我们就要勇敢地为自己作决定。比如，买什么样的文具、午饭吃什么等。只要我们自己能够决定的事情，我们都要试着自己作决定，不要害怕犯错误，也不要害怕自己会后悔，试着多作几次决定，我们慢慢地也会有主见了。

做事情前，要自己思考，不要再询问他人

如果我们买衣服的时候，不知道该买红色的还是蓝色的。这时，我们都不要去询问同伴，而是要自己考虑一下哪件更适合自己，自己更喜欢哪件。以后，无论是遇到任何需要自己拿主意的事情时，我们都要先问问自己。

对于别人问我们的事情，我们给予的答案应该是唯一的

如果好友问我们："今天中午我们吃什么？"我们不要笼统地说"随便"、"哪里都可以"，而是要给好友一个确切的答案，"我们去吃拉面"、"我们去吃肯德基"等，类似于这样的答案。

和别人有不一样的意见

如果我们看待问题的意见和其他同学的意见不一样，除了能说明我们的想法稀奇古怪之外，还能说明我们有主见。所以，我们没必要和同学们的观点想法都一样，只要想法是好的，我们也可以和别人有不一样的意见。

不要做别人的应声虫

回答问题的时候，我们也不要看别人怎么说，我们就怎么回答，这样我们永远都是别人的应声虫、跟屁虫。在课堂上回答问题的时候，就算我们不会，我们也可以大胆地说"不知道"，不然，做应声虫时间长了，我们也会变得没有主见。

 ## 父母引导／培养孩子有主见

小时候，孩子听话、乖巧，家长们感觉很欣慰。可是孩子长大后还

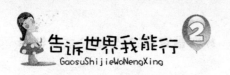

事事没主意，等到他们拿主意的时候，他们要不就是"不知道"，要不就是随大流。很多家长都在嘀咕：孩子没有主见，可怎么办呢？

给孩子为自己事情作决定的机会

如果这件事情是孩子们之间的事情，或者是孩子自己的事情，家长就要给孩子自己作决定的机会。即使孩子作的决定是错误的，家长们也不能呵斥、责备孩子，剥夺孩子做主的权利。

最好的办法是当个背后的军师，给予孩子一些指导和建议，让孩子自己去觉得怎么说，怎么做，怎么进行。

做事情前，先问问孩子是怎么想的

徐雪的女儿马上就要中考了，可还是遇见什么事情都问她，她很头疼。一天，徐雪和女儿去买菜，在菜市场的时候她就问女儿："我们今天要买哪些菜回去呢？"

"不知道，妈你决定吧。"这是她女儿一贯的语气。

"今天，妈想听听你的意见。"

她女儿想了半天说："我们还按平常那样买吧。""好，不过今天你要自己挑菜。"

开始的时候，她女儿也很犹豫，也不停地问她，可是徐雪从头到尾都只说："今天听你的。"就这样，半个小时过去了，女儿终于挑到了自己喜欢的菜。

回家的路上，徐雪给女儿讲了好多有关主见的问题，希望女儿思考。在徐雪的引导下，女儿做事慢慢地就没那么犹豫了。

好高骛远
——这么简单的练习题根本没必要去做

经典案例

15岁徐蕾的日记：《一道小题而已，做错了又怎样》

4月的天气，在北方依然感受不到春天的气息。我抱着前几天做完的测试卷，慢慢地走回教室。

"这么简单的题都没有做，马上就要中考了，这怎么行？简单的题不做，难题又不会，这成绩肯定上不去。按你的成绩来说，认真做好每道题，你考个重点高中还是有希望的……"我坐在自己的座位上想着班主任的那几句话，我知道这样的模拟考试成绩很重要，可是我感觉做一些有难度的题也很重要。

我看着自己很熟悉的题上大大的红叉，感觉自己有点好笑。

放学后，刚进家门，妈妈就问我考的怎么样，我很坦然地把试卷拿给她看。"这么简单的题，你也会错，而且还是选择题，你有没有认真

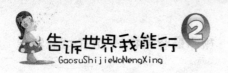
的考试呀？"

"妈，这有什么好奇怪的，一次测试而已，又不是真正的考试。"

"这么简单的你都做错了，其他的你还能做好吗？"看她一脸严肃，我大声地说："你们真是的，不就是做错了一道小题吗？那又怎样？我多做几道大题不就可以了吗！"

我对妈妈喊完之后就回自己的屋里了。为什么他们就不理解我呢？一道小题有那么重要吗？真的是没办法和他们沟通。

太简单了，考试时我自然会做的

13 岁的徐子轩有个梦想，希望自己能够成为一个有名的企业家。他知道想要实现自己的梦想，他就需要努力学习、读重点高中、上名牌大学。

可是，他每次想得都挺好，但却做不到。每次做练习题的时候，他总是做不到一半就放弃了，甚至复习功课也不会超过 15 分钟。

平时，他总对妈妈说："这些题太简单了，给我找点难的来。"结果，妈妈给他找来较难的习题，他做半天又做不完，干脆就扔在一边了。每次妈妈嘱咐他要认真仔细地做练习题，他都会说："没关系，这么简单的，考试的时候我肯定会做。"但是，每次他都在很简单的测试题上丢分。

 ## 认识错误 ★

多做一些有难度的习题是可以提高我们的学习成绩的。但是，如果我们简单的题目不想做，有难度又做不来，那我们在学习上就有点眼高手低了。

面对众多的习题和功课，我们总是"这山望着那山高"，考试的时候也总觉得"过尽千帆皆不是"，那我们的成绩是很难提高的。

之所以会出现眼高手低，好高骛远，多半是因为我们学习不扎实，高估了自己的实际能力。如果我们总感觉自己学会了很多东西，自己有能力去做更难的习题，对于那些简单的选择题、填空题都不屑一顾。最后，可能是有难度的题我们也做不来，简单的题也不想做。

有时候，我们学习知识只求个一知半解，从来都没有做深入的研究，我们也很容易犯好高骛远的错误。这样我们学习只讲求速度，而不讲求质量，那成绩也是无法提高的。

好高骛远对我们有什么危害呢？

1. 直接影响了我们学习成绩的提高。

2. 我们总是不切实际地追求过高过远的目标，那我们可能会一事无成。

3. 我们的情绪和学习心态都会因成绩的好和坏而不停变化，对于性格的形成没什么好处。

4. 在填写中考志愿的时候，我们也会因过于看重重点高中，忽略了普通高中，最后与高中失之交臂。

改正错误／
改掉我们做事、学习好高骛远的坏习惯

我们对待学习好高骛远，一味不切实际地追求过高的目标，而不

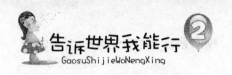

付出实际行动，我们可能永远都不会取得进步。所以，无论是做人还是做事，我们都要踏踏实实的，有了一个好的基础才会走向成功。

学习中，要手勤、脑勤

很多时候，我们觉得只要是题目理解了，不做也可以。实际上，这是错误的想法。因为即使我们知道了怎么做，不去实际演练我们也会犯错，而且重要的是只有做过之后，我们的印象才能深刻。

所以，平时学习中，我们对自己严格一点，即使是会做了也要把正确的答案写出来。

做有针对性的练习

无论是复习功课的时候，还是在做试题的时候，我们最好做一些有针对性的练习，这样不仅是解决"眼高手低"的最佳方法，还有助于我们成绩的提高。

在做练习的时候，练习题也不要千篇一律，否则我们很容易死记硬背，这样对我们学习也是没有太大的帮助。

越是简单的习题，我们越是要认真做完

通常情况下，我们总会认为简单的习题不会在考试中出现，可是在考试的时候，上面的习题差不多都是我们平常认为很简单的。所以，越是简单的习题，我们越是要认真地做完，这样我们才不会丢冤枉分。

基础也很重要

有时候，我们好高骛远是由于自己基础知识不牢固，对于提高学习成绩有点急功近利。为此，平时的学习过程中，我们一定要把基础打牢固了，对于提高自己的学习成绩也不要太着急了。踏踏实实，一步一个脚印，我们才会走得更远，走得更稳。

父母引导/培养孩子脚踏实地学习精神 ★

一般情况下，孩子越是好高骛远，越是眼高手低，他们的进步就会越慢，甚至有的时候还会退步。所以，家长应该从小就培养孩子做事和学习脚踏实地、不浮夸的品质。

即使是很小的事情，也要让孩子坚持做完

有时候，家长也会认为事情太小、太简单，孩子做不做都无所谓，因此当孩子放弃了做这样的事情时，家长们也没有太在意。时间久了，孩子好高骛远的坏毛病就形成了。所以，日常生活中，家长一定要督促孩子把每件事情都做完。

帮助孩子制定一个可行的学习计划

如果孩子总是简单的不做，较难的又不会做，每天都在盲目学习，家长就要及时帮助孩子制定一个可行的学习计划，并一定要让孩子按着这份计划去学习，慢慢地也可以改正孩子好高骛远的坏习惯。

做踏实的榜样

父母是孩子的第一任老师，如果父母做事就不踏实，好幻想，不落实到行动，孩子也会受到这方面的影响。所以，想要教育孩子做事脚踏实地，家长自己首先要做这样的人。

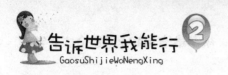

不懂感恩
——别人对我的好那是他自愿的

经典案例

生病了就可以不做饭了吗？我还饿着呢！

13 岁的徐子涵家里唯一的孩子，长辈们都很疼爱他，虽然他家的家庭环境不是特别好，可是，只要是他提出来的要求，爸爸妈妈总会尽量满足他。

去年 8 月份的时候，爸爸和徐妈妈要去外地出差，临走的时候徐妈妈问他："我们就要出远门了，如果我们发生了什么意外，你怎么办呢？"

当时吃水果的徐子涵头都没有抬，说了一句："你们把家里的存折放哪儿了？"徐妈妈听到他的回答心里很不舒服。

出差回来的当天徐妈妈就生病了，一直高烧不退，不得不躺在床上休息。徐妈妈甚至心里期待："子涵回来后，也许还能带我去医院。"

放学后，徐子涵像平常一样吹着口哨进门。当他看到餐桌上没有饭菜时，就径直朝着徐妈妈的床前走去，徐妈妈用期待的眼神看着他的时候，他却大声地说："为什么没有做饭？"

听到儿子这样的质问，徐妈妈心里酸酸的，但她还是抱着一丝希望说："我病了，所以就没有做饭，等你爸爸回来做吧。"

"生病就可以不做饭吗？不知道我很饿吗？再说我爸做的饭能吃吗？"徐子涵说完，气呼呼地把书包甩在床上说："给我钱，我出去吃好了。"

徐妈妈从钱包里拿了 20 元给他。看着他离去的背影，徐妈妈哭了，她不知道，儿子为什么会变成这样？

 ## 认识错误

⭐

无论遇见什么事情，我们首先想到的是自己，这是人之常情。可是，我们了解了事情的原委之后还无动于衷，那只能说我们太自私了。

从小我们习惯了从父母那里得到很多东西，并且认为父母为我们提供的衣食住行是理所当然的事，那我们怎么会感谢父母呢？一个不会感谢的人，感恩也就无从谈起了。

于是，我们总认为商店里卖东西是为了赚钱、老师给同学们上课是为了工作、父母抚养我们是为了老了之后有所依靠……一切都是冷漠的，根本不用感恩。

实际上，这样的想法是错误的。商家卖东西是可以赚到我们的钱，但同时也为我们提供了方便，所以我们应该感恩；老师给我们上课是为了工作，但我们却可以学到很多知识，所以我们要感恩；父母抚养

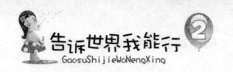

我们是为了老了之后有所依靠，但没有父母的细心呵护，我们怎么可能健康快乐的成长。

"鸦有反哺之义，羊有跪乳之恩"，世间生灵尚且如此，作为人，我们怎么能不懂感恩呢？不妨想一想我们是否能准确地回答以下问题：

1. 母亲节是什么时候？要送什么花给母亲？花语是什么？

2. 父亲节是什么时候？

3. 我们父母的准确生日？

4. 我们父母生病住院过几次？

5. 爷爷、奶奶、外公、外婆今年多大了？

6. 长辈生日的时候，我们送礼物给他们吗？

7. 接到压岁钱的时候，我们常说的是什么？

如果我们不懂感恩，那就可能会变得心胸狭窄，看人不顺眼，遇事不顺心，经常脾气暴躁，无事生非，一味索取。这样的话，我们就可能常常生气，损伤身体。

而懂感恩的人总是会从感恩中获得内心的温暖，它们可以缓解我们日常生活中常有的焦虑、愤怒等情绪，让我们知足快乐起来。

 改正错误／学会感恩他人 ★ - - - - - - - - - - -

如果我们是一个不懂得感谢他人的人，我们就会变得非常的冷漠、自私，会被别人称为是"没良心的人"，我们该怎样使自己懂得感恩呢？

对帮助过自己的同学说谢谢

我们应该知道，在这个世界上没有人是有义务要帮助我们，那些帮助我们的同学多数是出于他们的爱心。所以，我们要学会多对他们说"谢谢"。只有懂得感谢他人，我们才会有一颗感恩的心。

"爸、妈，你们辛苦了"要经常说

如果我们真的体会父母的辛苦了，我们就要常对父母说"辛苦了"。如果我们并没有体会到父母的辛苦，我们也要试着对他们这样说。因为随着年龄的增长我们总会体会父母的不容易。

"辛苦了"也是我们对父母爱的一种表达方式，经常这样说，我们也会成为一个孝顺的人。

多看一些以感恩为主题的书籍

我们也可以通过观看一些感恩的书籍来激发自己的感恩之心。比如，《假如给我三天光明》《我的母亲》《给徐特立的一封信》，我们可以从这些书中，得到感悟，得到启示，从而使自己怀有一颗感恩之心。

 ## 父母引导／培养孩子的感恩之心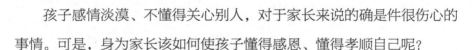

孩子感情淡漠、不懂得关心别人，对于家长来说的确是件很伤心的事情。可是，身为家长该如何使孩子懂得感恩、懂得孝顺自己呢？

家长可以利用各种节日来培养孩子的感恩之心

每逢各种重要的节日、纪念日，都是家长培养孩子感恩之心的最佳时机。比如，春节的时候，家长要教孩子给亲朋好友送礼物；教师节的时候，让孩子买礼品送给老师；父亲节和母亲节的时候，要求孩子为自己买礼物回来，并对孩子说"谢谢"。

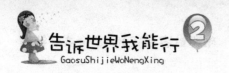

教会孩子为其他人让座

和孩子一起坐公交车的时候，不要让孩子抢座位，而是要让给那些需要的人。如果家长和长辈一起外出游玩，那就让孩子把座位让给长辈坐，并及时地夸奖孩子这样的行为。

如果长辈生病了，要让孩子去看望

孩子的爷爷、奶奶、外公、外婆生病了，家长要让孩子去看望。如果不方便去看望的话，应让孩子打电话去问候，甚至是做一些力所能及的事情。

当别人送孩子礼物的时候，让孩子说谢谢

日常生活中，家长应该抓住各种契机，教会孩子表达谢意，心存感恩。比如，当同学送孩子礼物的时候，家长一定要让孩子说"谢谢"；自己的同事给孩子带礼物的时候，也要让孩子说"谢谢"。

迷恋网络

——游戏闯关、QQ 聊天比学习有意思多了

经典案例 ★

玩电脑也要打游击战，刺激！

许晔今年 14 岁，是家中的独生子。由于家庭条件比较优越，妈妈很早就为他买了台电脑。

因为喜欢上 flash 制作，平时没事的时候，许晔总在家中制作一些简单的动画玩。

一天，许晔把动画作品带到了学校，向同学们展示了一番。谁知，一位同学说："这有什么了不起的，我们上网都玩魔兽、地下城勇士、跳炫舞，做这些小儿科的东西，未免也太落后了吧。"

为了不让同学们小看自己，许晔回家就开始接触各类游戏。时间一长，他就沉迷在网络游戏之中了，每天都在 12 点以后才睡。当许妈妈注意到他的不寻常举动时，才发现许晔已经上瘾了。

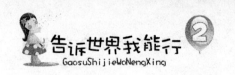
在妈妈严格的控制下，许晔不能玩游戏了。这让他很不舒服。于是，他就开始和妈妈"打游击"。学习时，若妈妈在场，他就浏览学习网站，若妈妈不在，他就上网玩游戏。晚上，等妈妈睡下后，他就偷偷打开电脑打游戏。

许晔在 QQ 里也这样自嘲：玩游戏就像打游击战一样，又麻烦、又刺激。

认识错误

上网对于我们来说并不是一件稀奇的事情。我们通过网络获取更多的知识，可以拓宽我们的知识面，对于我们学习文化课也是很有帮助的。有时候，我们在空闲的时间玩玩游戏、与他人聊会儿天是可以的，缓解学习中的压力，打发时间。

但是，如果我们常常用上网打游戏等方式打发时间，或者释放自己的压力和郁闷的情绪，或者和同学结伴打游戏入迷，那我们就可能沉迷在网络中。这种过度的沉迷于网络游戏、QQ 聊天，就会使我们堕落，影响到我们正常的生活学习。

而且我们知道，如今网络诈骗的案例数不胜数，尤其是在网络交友的过程中。聊天的时候，大家侃得天昏地暗，以为遇到了知己，却不知道对方可能是披着羊皮的狼。

我们正在长身体，长时间不分昼夜地泡网吧，也会伤害到我们的身心健康。比如，引发头昏眼花、疲乏无力、双手震颤、视力下降等身体不适或者情绪低落、思维迟缓、社会交往退缩等心理问题。一名 13

岁的中学生因玩游戏连续 4 天 4 夜，在激烈刺激和惊心动魄的网络游戏打斗中，血压升高、心跳过速，加之疲劳过度，最后猝死在网吧中。

而且，沉迷网络，我们也容易被一些不良的信息所影响。比如，一些色情的网站、暴力的网站等等。

改正错误／从网络游戏、QQ 聊天中走出来

长时间沉迷网络，不休息，无心学习，会造成一系列不良影响。所以，我们要学会合理而正确地上网。

不做网络的奴隶

网络就像一把双刃剑，既能轻松地点击几下就可找到所需资料，又能使人长时间沉湎其中无法自拔，伤害身心健康。但是，关键在于如何利用网络，是让网络支配我们，还是我们支配网络？

我们都知道，即使自己在游戏里玩的级别再高，也不过是游戏，而不是现实。可以说，我们把时间、健康、金钱投资给网络，网络什么也没有回报给我们。我们正值奋发学习的年龄，有很好的前途和未来，为什么要做网络奴隶？

所以，我们应该有觉悟使自己成为网络的主人，正确上网。比如，端正自己的上网动机，多利用网络对我们有利的方面。比如，学习做网页，学习电脑绘画，制作电子报刊，练习电脑打字，等等。

控制自己上网的时间

每天上网要有一个时间限制，上网的时间最好不要超过 4 个小时。在这 4 个小时里，我们要先把自己该做的事情做完，比如，查找学习

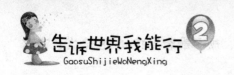
资料，下载文档等。之后再做其他，如聊天、看电影、玩游戏等。时间一到，我们就要控制住自己，马上离开电脑，去做其他事情。

周六、周日，我们在学习结束之后，也不应该守着电脑，最好多在现实中寻找友谊，多做一些有益身心的户外活动。

上网要给自己约法三章

为保证上网安全，我们应给自己"约法三章"。比如，限制自己的网友数量，一般不乱加陌生人；限制自己浏览网页的内容，不上色情、大型游戏网站；限制自己上网的地点，尽量不要去网吧上网，尤其是脏乱、偏僻的网吧。

 ## 父母引导／引导孩子合理正确地运用网络 ★

孩子每天都沉迷于网络中，势必会影响孩子的学习成绩，甚至还会使孩子走上犯罪的道路。所以，家长一定要及时地引导孩子正确上网，学会驾驭网络。

和孩子一起学习网络知识

在这个知识大爆炸的时代里，家长只有多学一些和孩子相关的知识，才能跟上孩子的脚步，也才能更好地教育孩子。所以，家长要和孩子一起学习网络知识，和孩子一起进步。在和孩子讨论网络知识的时候，家长要慢慢地教育孩子正确上网。

制作"娱乐"新方式转移孩子的兴趣

徐萌的女儿今年上初二了，当她在电脑旁和网友聊得热火朝天的时候，徐萌悄悄地在女儿的电脑上安装了一个美图秀秀。

　　当女儿聊天的时候，徐萌就在女儿面前说美图秀秀如何如何的好，而且同事也都在玩，还很神奇。女儿渐渐地被徐萌说动了，就让徐萌教她。

　　徐萌教会了女儿之后，女儿发现原来照片也可以这样处理。她很快就秘迷上了美图秀秀，上网的时候很少再和网友聊天了。

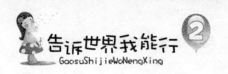

丢三落四
——不过是忘了，有什么了不起

 经典案例

13岁米琪的自述：唉，丢三落四的我！

唉！我这个人啊，只能用一个词语形容：草把做灯芯——粗心了！

我这个人呀，粗心得很，数学考试时把减号看成了除号，演算了一半就直接把得数写在试卷上了。甚至是在语文考试上，我写出来的字也总是缺胳膊少腿，反正最后它认识我，而我却不认识它了，当然阅卷老师也不认识它。考英语的时候，我一个单词总喜欢少写几个字母，要不就是几个字母完全重叠在一起，老师因为看不懂我写的是哪国的英文，马上就给我一个红红的"×"。

还记得有一次，考试的题目是"按照前面的样子，翻译下句诗的意思"，结果我随手就把下句诗句写了上去。最后，全班只有我错了。唉，丢人呐！

　　我这个人，无论做什么事情都要丢三落四。课本上明明还有一道题，我愣是跳了过去。等第二天和同学们讨论作业的时候，才发现自己没有做那道题。最后，只好去老师那里拿回作业重新再写。

　　我丢三落四的"辉煌战绩"还不止这些。一次，我把家里的钥匙忘在了教室里，而爸妈都要加班。没办法，我只好跑回教室去拿钥匙，可钥匙是带回来了，却又把书包落在了班里。当我返回去拿书包的时候，学校的大门都已经锁了。

　　唉！丢三落四到这个地步的我，可该如何是好呢？

 ## 认识错误

　　写作业时，我们可能想着赶紧写完去玩，所以总是匆忙地写完作业。这样我们就很容易丢掉一些题、看错一些题了。

　　考试时，我们可能担心上一题没做对，或者担心时间不够，因而会一个劲儿地赶着做题。这样就很容易看不清题意，写着写着就把答案写丢了。

　　平时总有爸爸妈妈帮我们准备出门的行装或者上学的书包。等到一切要由我们自己来的时候，我们自然想到了这个忘记了那个。

　　……

　　每个人都有可能丢三落四。因为太过于匆忙，注意力不集中，落掉一些东西和事情也是正常的。可是，如果我们一直都丢三落四的，那就不好了。

　　我们都知道，粗心、丢三落四会影响我们的学习。因为漏掉了一

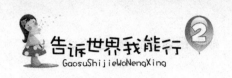
个小数点、少看了一行字，最后我们做出来的题只能是错误的，而且这样的错误还是很幼稚的。整张试卷中，这少做了一题，那做错了一题，我们的成绩也就不会很高。

日常生活中，我们习惯了丢三落四，不仅会浪费做事情的时间，还会挫伤我们的自信心。总是忘记带一些东西，总是忘记做一些事情，最后可能自己也没有信心再做了。

 ## 改正错误／改掉丢三落四的毛病 ★

我们做事情丢三落四的，不仅自己每天忙前忙后的，爸妈也跟在后面着急。可是，我们该如何改掉自己的这个毛病呢？

做事有条理，重要的事情做记录

如果我们总是把作业本、课本、文具等一股脑儿地扫进书包里，那就很容易会落下什么。做事应该有条理，比如东西要放在固定的位置。这样带了没带一查便知。就算没带，重新找也很容易。

如果常会忘记带东西，那我们可以准备一个笔记本，在上面记录我们要带上的东西。在出发之前我们翻翻这个笔记本，并检查自己有没有落下的东西。尤其是考试或者出行时，之前一定要列好自己要带的东西，出门前仔细检查是否带齐全了。

放慢自己做事情的速度

有时候，做事情太快了，会在匆忙间忽略忘记了一些事情，以至于丢三落四。所以，如果时间允许，我们就要放慢自己做事情的速度，让自己在很轻松的状态下完成，关键是认真仔细地完成。

即便是时间紧急，我们要稳下来。急并不能解决问题，把事情都考虑周全了再去做，才是最有效的。

让父母和同学督促自己

如果我们自己想不起忘记了什么事情，我们也可以请家长和同学提醒自己，并且强化自己记住这些事情。假如我们重复地忘记一件事情，一样东西，我们也可以适当地给自己点惩罚。

慢慢地，在家长和同学们的监督下，我们丢三落四的毛病会得到一定改观。

 ## 父母引导／帮助孩子改掉丢三落四的坏习惯 ★

孩子做事情丢三落四，粗心大意，常常会造成很严重的后果，家长应该适时引导。

教孩子有计划、有规律地做事情

孩子丢三落四，做事毛躁，家长可以教孩子如何有计划、有规律地做事。比如，出行前，制定出行计划，准备所需物品等。比如，做完作业之后的检查计划，检查作业的数目，或者是否有丢字忘词等情况。

提醒孩子有没有忘记带东西

对于习惯丢三落四的孩子，家长平时要多提醒孩子，询问孩子有没有忘记带东西。也许这样时间长了会使孩子感到反感，但家长也要坚持提醒。多提醒几次之后，孩子就会有意识地记住这些事情。

如果孩子遗忘，家长要让孩子补做

孩子忘记带书了，或者忘记带水壶了，家长常常因为担心孩子受

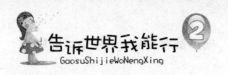
苦而给孩子送过去。这样自然会让孩子更加依赖大人，自己便不会去学着管理自己。

所以，如果孩子忘记了这件事情，家长也觉得无所谓，孩子丢三落四的行为就会越来越严重，因为他会认为忘记这件事情是很正常的。

因此，对于孩子忘记的事情，家长要坚决地让孩子补做，这样孩子才会真正意识到自己错了，而且也会加深孩子对丢三落四危害的印象。

悲观

——我的天空总是灰的

经典案例

眼镜戴上了，微笑没有了，我还是没有看到希望的身影！

夏以菱马上就要升初三了，每天的学习非常紧张。即使是周六、周日休息，她也有补习班要上。可是，尽管她很努力，她并不满意自己的成绩。

夏以菱每次拿到成绩单之后都很难过，虽然她已经是班里的前 5 名了，但她在年级中还是徘徊在十几名。每次想到自己那位成绩优秀的小学同学，她就很自卑。因此，在老师和父母的高压下，她从来都不敢对自己放松要求。

夏爸爸最近生意不太好，脾气变得有些暴躁。夏以菱每次和爸爸说话都小心翼翼的。一次，夏以菱因为考试粗心，数学成绩刚刚及格。夏爸爸很生气，吼道："考这么点分，还有脸给我拿回来，你说你能干个什么！"听着爸爸的训斥，夏以菱当时就哭了，她捡起被爸爸扔掉的试

175

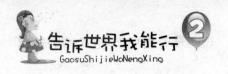

卷默默地回到了自己房间里。

坐在床上，夏以菱反复想着爸爸那句"你能干什么！"她觉得除了努力学习，自己一无是处。可，今天又考的那么遭！这一刻，夏以菱恨死了自己。她在日记中写道："眼镜戴上了，微笑没有了，可我还是看不到希望，那我活着还有什么意思呢？"

 认识错误 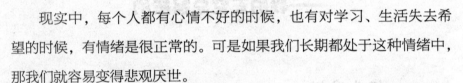 ★

现实中，每个人都有心情不好的时候，也有对学习、生活失去希望的时候，有情绪是很正常的。可是如果我们长期都处于这种情绪中，那我们就容易变得悲观厌世。

成绩怎么也提高不了、父母的不理解、同学们的冷漠无情、老师过分偏袒优等生等等，都会让我们对生活感到失望，甚至总是觉得抬头就是乌云密布，命运的上空中从来就没有阳光明媚的时候。

回想一下，我们是不是也常常这样想：

1. 我什么都不是，别人也不需要我，还不如离开这个世界呢？

2. 学习没意思、生活没意思、活着也没有意思！

3. 看不到希望，看不到出路，总是在迷雾中徘徊。

4. 如果没有人可以理解我，可以拯救我，那就让我永沉黑暗吧。

5. 来到这个世界，没有人经过我的同意，那离开的时候也不需要，是吗？

事实上，如果一个人长期处于悲观情绪中不能自拔，那就很有可能会患上抑郁症，甚至会有轻生的念头，这是非常不利于成长的。

改正错误／给自己的心情晒晒太阳

我们有了悲观的情绪，就像生长在阴暗中的小草一样，看不到阳光，遇到狂风暴雨时就会迅速枯萎。为了我们美好的明天，为了我们能够做好自己，我们要学会乐观地看待这个世界，当雨过天晴的时候，给自己的心情晒晒太阳。

多和乐观的同学交朋友

如果我们本身就是一个悲观的人，就尽量不要与性格悲观的同学交朋友。因为，两个悲观的人在一起是不可能谈论高兴快乐的事情。所以，我们想要自己变得乐观起来，我们就要多和乐观的同学交朋友，在他们的带动下，从而改变自己这种悲观的心态。

试着用幽默的态度来接受自己的失败

不要每次遭受到挫折之后，就马上想到失败，想到没有希望的灰暗天空。我们可以试着用幽默的态度来面对挫折，也就是善于拿自己的失败开玩笑。当我们愿意把自己的失败说出来时，心里就不是那么压抑了。也许这样做很难，但时间长了之后，会起到很大的作用。

如果天空没有下雨，我们就给自己点希望

如果我们的情况不是很糟糕，我们就不要对任何事情都失去信心。如果天空是晴朗的，我们要用这份难得的美好给自己一个希望，哪怕是希望明天还能看见这抹灿烂。

心中有希望的人，才不会太过于悲观的。

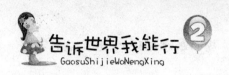

 父母引导／带孩子走出悲观的阴霾 ★

孩子悲观厌世，不仅学习没有上进心，也会对生活失去了信心，当他们再也找不到继续活下去的勇气时，他们可能会结束自己的生命。所以，家长们不要小看了孩子的悲观情绪，它对孩子的伤害往往是致命的。

不要给孩子太多压力

如果孩子本身已经很努力了，自己给自己的压力也够大了，家长就没必要再给孩子压力了，尤其是总想不开、总爱钻牛角尖的孩子。

孩子有自己的压力，而家长再给他们一些压力，他们的压力就会更大，如果他们达不到目标的时候，就很容易产生悲观失望的情绪，而对于不会合理发泄情绪的孩子，时间久了，就会有悲观厌世的心理了。

凡事给孩子积极的暗示

其实，很多家长在教育孩子的时候，总会不停对孩子说"如果你考砸了，你就失败了"、"如果你连这件事情都做不好，以后什么也做不成"。

当家长这样教育孩子的时候，往往把后果说得过于严重，给孩子心理造成恐惧，那做错了之后，孩子也会变得没信心，久而久之变得悲观厌世了。为此，家长要多给孩子一些积极的暗示，让孩子做事有信心和动力。

优柔寡断
——我总是左右为难

经典案例

"A"和"B"怎么选择呢？做这样的选择题太难了！

沈寄凡今年升初一了，他从小都很讨厌做选择题。无论书本试卷上的选择题，还是生活中的选择题，一遇到这样的事情，他总是犹豫不决。

"妈，你别问我了好不？不知道我最讨厌作决定吗？"一大早上，沈寄凡就向妈妈提出了抗议。

"那你总得选择去一个吧，你说，你是选择去看你奶奶呢，还是去看望你外婆呢？"妈妈前所未有地坚持。

"我下午再给你答案行吗？让我好好想想。"沈寄凡看着妈妈的架势，知道今天不可能幸免于难了，只好硬着头皮应承了下来。

"好，下午给我准确的答案，上午就先放过你。你这个孩子也真是的，每次让你做选择，你都优柔寡断的……"

沈寄凡捂着耳朵躲到了自己的房间里，但他还依稀能听到妈妈的唠叨声。他重重地叹了口气，坐在床上开始认真想自己究竟要去看谁。

他想，去看望奶奶吧，奶奶又不喜欢自己，不去吧，自己已经好久没去看望过了，纠结……去看望外婆吧，上个星期刚去了，不去吧，外婆对自己很好，而自己也很喜欢和外婆待在一起，纠结……

就这样沈寄凡纠结了一上午，仍然不知道自己究竟该去看谁。最后，他只好去请妈妈帮助，当妈妈得知他还没有决定的时候，生气地把他推了出去。沈寄凡从妈妈的房间里走出来，委屈地对自己说道："'A'和'B'怎么选择呢？做这样的选择题太难了！"

 ## 认识错误 ★

作决定的时候，我们能够三思而后行是一种正确的做法。可是，我们一味地去思考而不付诸于实际行动，那就很容易变得做事犹豫不决、优柔寡断。

我们初中生由于对问题的本质缺乏清晰的认识，遇事拿不定主意，从而在心理上产生冲突，久而久之变得做事优柔寡断。这和我们涉世未深，对事物缺乏必要的知识和经验有直接的关系。

如果我们曾在这方面吃过亏，在我们的心理留下了阴影，我们会有"一朝被蛇咬，十年怕井绳"的心理。当我们再遇到类似的情境时，便会产生消极的条件反射，从而变得踟蹰不已。另外，如果我们缺乏自信，感情也比较脆弱，没有主见，做事过分小心谨慎等，极容易变得优柔寡断。

我们从小在家庭中备受宠爱，几乎都过着"衣来伸手，饭来张口"的现成生活，爸妈和长辈都是我们的拐杖。等到我们独自面对问题的时候，自然难以下决定。

另一种情况是，父母从小对我们管束太严，一直都是他们眼中听话的孩子。父母这样的教育方式，会使我们做事只能循规蹈矩，不敢越雷池一步。而一旦遇到特殊情况发生时，我们也会担心不合父母的要求，从而左右徘徊，拿不定主意。

我们做事反反复复、犹豫不决，是意志薄弱的表现，会直接影响到我们选择能力的形成，而每一次的选择对我们的成功与否起着至关重要的作用。甚至当遇到重要的抉择时，我们也会因为优柔寡断而失去成功的机会，比如，兴趣班的选择、中考后的抉择、高考后的抉择，等等。

 ## 改正错误／做事情的时候，学会当机立断 ★

做事过于优柔寡断，不免会给人留下软弱好欺的印象，而且也容易错过机遇。所以，我们做事情、拿主意的时候要学会当机立断。

开拓自己的知识视野，不断积累生活经验

如果我们获取知识只限于书本，我们的知识和生活经验就会很匮乏，需要我们作决定的时候，自然会犹豫不决。所以，我们不断地开拓自己的知识视野，从生活中、交往中积累经验。这样在提高自己把握现实生活能力的同时，我们也会迅速作出准确的判断。

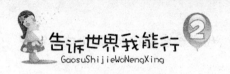

不要把得与失看得太重

总是舍不得自己已经得到，也不放弃失去的，最后我们只能在得与失中犹豫来犹豫去。鱼和熊掌是不可能同时拥有的，当我们得到一件东西的时候，我们必然会失去另一件东西。所以，我们应该正确看待得与失，不要把两者看得太重了。

从点滴生活开始进行果断训练

如果连今天吃什么饭这样的小事自己都犹豫不决，或者今天几点去玩都拿不准，那以后怎么决断大事情呢？

要果断，不要犹豫，就应该在日常生活中，从一点一滴的小事做起，逐步培养自己做事坚决果断的性格。

 父母引导／培养孩子做事果决的好性格

孩子做事犹豫不决、举棋不定，让每个家长都很头疼。可是不管是打骂或训斥，孩子还是改不了这样的习性，家长究竟该怎么办呢？

不要排斥孩子个性的发挥

现在很多家长只要求孩子按照自己的意愿去做事，从不考虑孩子自己的想法。最后，孩子的个性得不到发挥，棱角被磨平了以后，自然就成为一个没有锋芒、缺少主见的精神侏儒。所以，如果孩子的个性没有犯原则上的错误，就应该允许孩子去发展他们的个性。

真正地把孩子作为一个独立的人对待

其实，家长应该回想一下：关系到孩子生活和学习的事情时，是否考虑过孩子的实际情况和需要？是否尊重了孩子的意见？是否给孩子表达自己感受的机会？

如果希望孩子是一个果断、有主见的人，家长就要把孩子作为一个独立的人对待，给他们的独立，给他们自由。

不帮孩子作决定

如果我们希望孩子做事情果断，不犹犹豫豫，那家长就要帮助孩子摆脱依赖心理。所以，当孩子再征询家长的意见时，家长只是给孩子提一点建议，而非是决定。要先鼓励孩子自己作决定，然后家长再帮助他们完善。久而久之，孩子果敢的性格就会逐渐形成了。

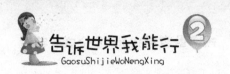

耽于幻想
——想得很多，做得很少

 经典案例

我依然是原来的那个我，从未改变过！

我今年 15 岁了，已是要参加中考的一个战士了。当我刚来到这个班级的时候，我想过很多，可是现在我依然是原来的那个我，从未改变过。

很多时候，我总是想得很多，做得很少：想做班里的"皇帝"，却又害怕寂寞；想做学习中的"宰相"，又担心事多；看到自己讨厌的人想打一巴掌，又怕惹祸。所以，我一直都还是原来的那个我。

还记得刚到这个班的时候，看着班里陌生的面孔，我对自己说：以后学习一定要比他们强！可是，半年过去之后，我还是如小学那样徘徊在中等线上。

还记得那年我在舞台上看到一位激情四射的明星，我立誓自己要成为一个他那样的人，3 个月后我却忘记了他是谁，也模糊了当时那个立誓效仿的身影。

还记得我对妈妈说过："你儿子以后肯定是最有出息的，不管什么奖状，我总会给你拿回一个的。"当时，妈妈听了激动地直夸我懂事。而初中的三年生活马上就要结束了，妈妈还没有等到任何一张奖状，哪怕只是个鼓励奖也没有。

每次和妈妈说起我的想法时，妈妈只是笑笑说："你懂得努力就好了。"我从妈妈淡淡的语气中体会到了她的失望，我很惭愧。

一天，我在学校门口看到以前的一位小学同学，他兴奋地说："嗨，李斯，你一点变化都没有，还是原来的那个你，真好！不像我眼镜戴上了，篮球戒掉了，还是羡慕你啊！"

听到他这样说，我不知道该庆幸，还是该生气？无论怎样，我依然是原来的那个我，从未改变过，即使我也想过很多。

 **认识错误** ★

敢于去"想"就代表我们想要改变现状，而且，很多人做事成功的第一步也是想。所以，我们敢于去幻想，敢于去思考并没有错。可是，如果我们只限于想，而从未落实到实际行动上，或者很少去做，我们所有的想法都是空想。

回想一下，我们是不是这样做过：

1. 一件事情总在计划中，却从未做过。

2. 今天是这样想的，明天是那样想的，而前天怎么想的，早忘记了。

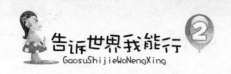
3. 今天想过了，从明天开始做吧，而明天还如此。

我们都容易犯这样的错误：想得很美好，往往却在行动上打了折扣。也许是我们害怕失败，也许是因为长时间被我们所遗忘了，但更多的是由于我们自己意志薄弱，缺乏行动力。

当日常生活中，遇到一件事情的时候，我们总会左想右想，把太多的时间浪费在思考上面，却没有付诸实际行动，最后我们也会错失做这件事情的机会。

总是想得很多，做得很少，对于我们的学习来说，永远在原地徘徊，甚至是会有所倒退。所以，如果我们都曾这样想过，那就需要行动起来了。

改正错误／从空想中走出来

如果我们想得很多，但却做得很少，我们极容易成为一个空想主义者，永远都不可能有大的作为。所以，我们要想也要做，要把每个想法落实到实际行动中去。

给自己制定的目标，不要搞假、大、空的形式主义

我们不愿意去做，有时候也是因为目标太空、太大，我们不知道从何下手，结果这个目标也就只停留在想想这个程度上。所以，我们以后想的内容，想的目标都要符合自己的实际情况，能切实可操作。

如果我们的目标太大、太难了，我们要学会分块处理

长远目标或者梦想可能需要很长时间的努力。对于行动力不强的我们，这可能会让人丧气或退缩。因此，不妨制定计划，把这个大目

标分解成一个一个的小目标。然后脚踏实地地去完成。

比如，我们的成绩在班里只是中上等，给自己定的目标是下次考试成为班里的前几名。对于这个目标，也可以分成逐步提高各科的成绩，这样一步步实现自己的目标。

不要对自己说"从明天开始做"

"明日复明日，明日何其多"。说"明天开始做"，那就把今天浪费了，还给了自己反悔的机会。所以，我们永远都不要对自己说"明天去做吧！"

如果想要去做一件事，那就马上去做，千万不要拖。比如，我们和同学吵架了，总是为了面子不敢去道歉，而在脑子里把道歉演示了数百遍。这样做毫无意义。不如勇敢地鼓励自己，然后立马对对方说"对不起"。

父母引导/
让孩子把他们的想法付诸于实际行动中去

常听到孩子的豪言壮志，却从来都没有看到孩子的实际行动，作为家长也会感到很失望吧？该如何让孩子把他们的想法付诸于实际行动中去呢？

鼓励孩子去做

孩子只想不做，很多时候也是因为他们担心会失败，所以他们不敢做。对于害怕失败的孩子，家长要多鼓励孩子去做，即使明明知道孩子会失败，也要鼓励他们去做。因为只有他们做了，他们才会知道

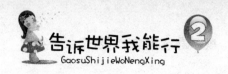

自己有哪些不足。

时常提醒一下孩子："你做了吗?"

如果孩子不停地在家长面前谈自己的想法，而不愿意去做，家长就要提醒或者反问一下孩子："你做了吗？你现在做到了哪一步了?"然后告诉他们想只是个开头，最后的成功还要靠行动去实现。而且，当孩子和家长说他们的宏伟目标时，家长也要提醒孩子想事情要实际一点。

家长要做好榜样

家长在孩子面前夸夸其谈而不去做，孩子也会学着家长的样子。因此，家长想要让孩子把想法落实到行动中去，家长就要避免在孩子面前只说不做。如果家长自己做到了，再说服孩子去做就更有底气一些。

紧张
——每到考试我就成了绷紧的弦儿

经典案例 ★

总是被别人超越，能不紧张吗？

14 岁的杨雪静一直都是班里的尖子生，她曾经无数次笑着对妈妈说："我是考场的常胜将军。"可是，最近她却对考试感到紧张，考试中总是发挥不好。

以前对于别人的请教，杨雪静从来都是有求必应。一次期中考试，总是习惯了问她数学题的同桌，却出奇地考到了杨雪静的前面。虽然当时同桌只比她多了两分，可她还是感觉到压力了。

以后，每次同桌问她数学题的时候，她都会很紧张，心想："他都懂了会向上次一样超过我吗？"有时候，杨雪静看到同桌认真看书，她都会感到紧张。为此，每次考试的时候，她就会变得很紧张，根本无法安心答题。

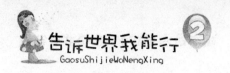

"没事，不就是考试吗？就当做练习不就好了吗？"妈妈看着痛苦的杨雪静，耐心开导她。

"妈，总是被别人超越，你说我能不紧张吗？"听到女儿这样说，再看看她愁苦的脸，杨妈妈只能重重叹气。

不想看到他们失望的眼神，考试我紧张！

王舒是家中的独生子，他上了初中后，父母就都下岗了。父母平时就靠摆小摊维持生计，尽管一家人的生活过得很清苦，但父母仍然供他上了最好的中学。

王舒知道，父母都把所有的希望放在了自己的身上，希望他能读好书，以后有个好的出路。可是，尽管他很努力，却依然事与愿违。明明考试前复习得挺好，一到答题的时候他就慌了，当看到其他同学在专心答题时，他心里更着急。

王舒在日记里写道："我不想看到他们失望的眼神，可是我一直都让他们失望着，每次考试都好紧张、好慌乱……"

 认识错误 ★

当我们在做一件没有把握的事情时，或者是做一件意义重大的事情，我们都会感到紧张，这是一种很自然的现象。可是，如果我们过度紧张，就容易产生焦虑情绪。

学业的压力无疑是我们紧张的主要原因。我们从小学进入初中以后，随着科目增加和学习难度加大，速度加快，加之上课跟不上老师的步子，我们就会感到压力很大，从而在考试时紧张不安。如果我们把自己的分数看得太重，我们在担心自己成绩不理想的时候也会产生紧张的情绪。

虽然我们只是初中生，但我们与同学之间存在着竞争。如果我们成绩一直都很好，我们就会担心别人超过我们。而如果我们的成绩一般，想要超过别人，也会担心自己做得不够好。再加上父母对我们的要求、高期望，也会使我们陷入紧张的情绪中。父母为我们创造优越的家庭环境，买来各种参考书，规定我们的任务就是学习，他们害怕影响到我们，行动总是小心翼翼，这样反而造成了我们更大的心理压力。

一旦考试紧张成为习惯，我们很有可能会焦虑、烦躁，注意力不集中，记不住知识点，还会坐立不安，心慌气短，手心出汗，全身发抖。

改正错误／学会从容面对考试

如果我们考试前过分紧张，势必会影响到我们答题的水平。所以，我们要学会从容面对每一次考试。

考试前一晚，不要开夜车

前一晚的好睡眠、深睡眠，能为我们带来好的精神状态。所以，考试前我们要注意休息。学习一两个小时后，我们要进行短暂的休息，使大脑尽快消除疲劳。此外，考试前我们还应保证充足的睡眠，不开夜车，不"临阵磨枪"。

紧张时，有意识地深呼吸

把一只手放在胸口上，另一只手放在自己的腹部，在吸气的时候，

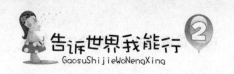
手慢慢升起来，试着慢慢从 1 数到 4，呼气的时候也是如此。简单做几遍后，也就没有开始那么紧张了。

让自己处于一个放松的状态中

考试的前一刻，我们可以想象一些美好的景物，直到我们感觉自己完全进入一个放松的状态为止。这样做的好处是在想象景物时，我们能体会到快乐和轻松。

 ## 父母引导／不要激化孩子的考试紧张感

孩子在考试前紧张，往往上了考场，脑海中就会一片空白。不少家长也曾有意无意帮助孩子舒缓这种紧张感，可是发现情况越来越不乐观。家长们究竟该怎么做呢？

不要对孩子说"我们对你的要求不高，你尽力就可以了。"

如果家长在考前对孩子说"我们对你的要求不高，你尽力就可以了"，孩子就会从反面去理解，从而产生了负面影响。所以，家长千万不要这样说，可以改为"只要发挥你正常的水平，我们都可以接受。"

不要对孩子说"你什么事都不用干，专心考试就可以了。"

家长这样说，实际上是在提醒孩子，并告诉孩子考试是最重要的，这样也会强化孩子对考试的紧张。为此，家长可以这样说："这几天，你负责考试，我们来负责家务。"适当地让孩子做一些家务，也可以缓解孩子对考试的紧张，但量不要过大。

不要对孩子说"马上去睡觉，休息好了，才会考好试。"

孩子的睡眠对考试是很重要，但家长也不能提前要求孩子上床睡觉，这样会影响了孩子的睡眠，让孩子按照原有的作息规律休息就好。如果家长想要表达关心，也可以这样说："和平常一样睡觉去吧。"

不要对孩子说"你这次考好了，想去哪里玩都可以！"

家长这样说是可以给孩子好好考试的动力，但相应的也会给孩子增加压力。如果孩子过分注重这份奖励，他们在考试时也会紧张。

对于考试，家长要保持一颗平常心，主要就是鼓励和理解，给孩子情感上的支持。当父母把这种心态传递给孩子，就会使孩子以一颗平常心去应对考试。

考后，家长不要过分关注孩子的成绩，要帮助孩子分析成绩，首先寻找成功的经验，再查找知识漏洞。

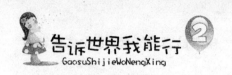

冲动
——离我远点，我睥气不好

经典案例

★

14岁高雨文的作文：《都是冲动惹的祸》

"我的钢笔呢？跑到哪里去了？"我在整理书包时，发现姐姐给我买的最珍贵的派克笔"不翼而飞"了。

要知道，这支笔可是我最喜欢的，还是求了姐姐3天才得来的。按捺不住着急，我在课桌上、地面上进行了"地毯式搜索"。左看看，右瞧瞧，突然我发现笔竟躺在浩宇的椅子底下。

找到钢笔后，我的脑海里却浮现出昨天浩宇见到我钢笔的样子：东摸摸、西瞧瞧，还不停地对我说："如果我也有这样一支钢笔多好呀！高雨，要不你送我吧。"

"难道这是浩宇偷藏的？"一想到这里，我就恨得牙痒痒，于是跑到操场上对他说："真不知道你还喜欢偷别人的东西，平时小看你了啊。"听我这么一说，操场上很多同学都围过来了。

浩宇红着脸对我说："谁偷你东西了，你说清楚！"

"哼！拿了别人的东西，还死不承认。"

……

就这样，我们就在操场上吵了起来，最后我还动手打了他。

班主任老师得知了前因后果，批评我没有弄清真相就冤枉同学。哎！我真是太冲动了。

 ## 认识错误

每个人都会有一时冲动的时候，这是很正常的事情。可是，如果我们每次做事都很冲动，对我们学习和性格的形成是相当不利的。

不少人因为是独生子女，深受父母家人的宠爱，因此养成了以自我为中心的极端自私自利的思想，甚至于有的时候还会奉行"人不为己，天诛地灭"的信条。

在这个快节奏的生活背景下，每个人做事都很浮躁、很匆忙。久而久之，我们也会被影响，加之一些暴力电影和书籍的流行，我们自然也会变得不理智、不冷静。

如果我们本身就是一个性情冲动的人，我们遇事就会表现出莽撞、不理智，自我控制能力差，极容易做出一些冲动的事情来。加上正值青春发育期，我们精力过剩，情绪不稳定，所以爱激动、爱发火、自我控制能力差，甚至是被他人言语挑唆或因为一点小事，我们也会不问事由，动手就打，不顾后果。

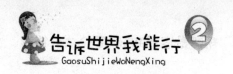

其实，这都是我们做事过于冲动，不冷静思考问题的表现。俗话说，冲动是魔鬼。这种冲动莽撞会让我们失去自控，行为出轨等，很不利于健康成长。

 ## 改正错误／从冲动中走出来 ★

做事过于冲动很容易做错事，甚至违反法律。所以，我们要学会遇事冷静，三思而后行。

控制自己冲动的情绪

宋代大文豪苏东坡曾说过："匹夫见辱，拔剑而起，挺身而斗，此不足为勇也。天下大勇者，卒然临之而不惊，无故加之而不怒，此其所挟持者甚大，而其志甚远也。"

我们生活在这个世界上，难免会有委屈、不顺心的时候。这个时候，我们一定要控制自己的情绪，临危不乱，临辱不惧。

遇事多想个"为什么"

遇事我们应该多考虑一下，不要刚了解到一点，马上就根据自己的第一反应行动，这样的反应往往都是主观、冲动的。我们处理事情的时候，要多想几个"为什么"，让自己有个思考的过程，这样也可以避免自己做事过于冲动。

转移或淡化冲动

我们脾气不好，很难控制住自己的情绪，就不要马上处理眼下的事情。最好让自己干点其他的事情，转移一下自己的情绪。

父母引导／让孩子学会冷静处理问题 ★

孩子总是冲动莽撞，做事不分青红皂白，这对孩子的成长来说是非常不利的。所以，家长一定要让孩子学会冷静处理问题，遇事沉得住气。

安抚孩子的冲动情绪

当孩子冲动做完一件事情后，家长的惩罚和高分贝的批评，都会再次点燃孩子冲动的火焰。而且，对于初中生来说这样也容易使他们有逆反心理。所以，家长可以持一种非惩罚、非威胁、非敌对的态度去接近孩子，安抚孩子的情绪。

告诉孩子：冲动的时候，可以提前深呼吸几口气

孩子感受到了压力，感觉自己被他人所欺负了，随之派生出来的委屈情绪，也容易使孩子处理问题比较冲动。家长可以告诉孩子，每次有冲动的念头时，可以提前深呼吸几口气，给自己一些时间安静下来，然后再来考虑这件事情，这样也可以淡化孩子的冲动情绪。

给孩子一个宣泄情绪的空间

孩子冲动时，往往会附带一些负面情绪，比如愤怒、生气、暴躁、委屈等等。所以，当孩子有了冲动的情绪时，家长可以让孩子发泄一下自己的情绪。这就需要家长给孩子一个宣泄情绪的空间，让孩子尽情发泄。